"INT NEWTS (EXTENDED) HUT
NOTE! THE ODD BOX SECTION TIE BAR MAY BE REQ'D TO STABILIZE STRUCTURE POSITIONS TO BE DISCUSSED!!
SET DEC. NOTE! EXISTING NEWT'S HUT DRESSING WILL REQ' SOME ADJUSTMENT DUE TO THE INTERIOR BEING REDUCED!
DETAIL 5 STEPS
DRWG Nº 05-04-44
LEFT SIDE
VOLTAIRE
SET NO: 05 -04
DRAWING NO: 44.
SET: 'INT NEWT'S MANAGERIE'
STAGE/LOCATION: N.
DETAIL: "EXTENDED NEWTS' HUT"
DRAWN BY: J.K.
DATE DRAWN: 11TH MAY
DATE ISSUED: 11TH MAY
REVISION DATE:
SUPERVISING ART DIRECTOR APPROVAL:
CON. MANAGER
CARPENTERS 3
PLASTERERS
PAINTERS 2
METAL
RIGGERS
STAGEHANDS
SCENIC ART
SIGN WRITING
SCULPTORS
SET DEC 1
PROPS 1
PROP MANUFACTURING
GRAPHICS
DRAPES
PRACTICAL SFX
VISUAL FX
CAMERA
ELECTRICAL
GREENERY
ACTION VEHICLES
H & S
LOCATIONS
PRODUCTION
STUNTS

A ARTE DE

ANIMAIS FANTÁSTICOS
OS CRIMES DE GRINDELWALD™

A ARTE DE

ANIMAIS FANTÁSTICOS OS CRIMES DE GRINDELWALD™

DERMOT POWER

PREFÁCIO DE
STUART CRAIG

TRADUÇÃO DE
DANIEL AUSTIE

WIZARDING WORLD

HarperCollins Brasil

HarperCollins*Publishers*
1 London Bridge Street,
London SE1 9GF

www.harpercollins.co.uk

Primeira publicação na Grã-Bretanha, por HarperCollinsPublishers, 2018

Prefácio de Stuart Craig
Introdução de Dermot Power

O registro catalográfico deste livro está disponível na British Library

Editor de projeto: Chris Smith
Editor: Lottie Hayes-Clemens
Design e layout: Terence Caven
Gerente de produção: Stefanie Kruszyk

EQUIPE HARPERCOLLINS BRASIL
Editora: Alice Mello
Tradução: Daniel Austie
Adaptação e diagramação de projeto gráfico: Renata Vidal

A HarperCollins gostaria de agradecer a David Heyman, Stuart Craig, Victoria Selover, Emma Whittard, Melanie Swartz, Jill Benscoter, Katie Khan e Katie MacKay.

ISBN 978 85 9508 408 7

Impresso e encadernado na Espanha

CIP-BRASIL. CATALOGAÇÃO NA PUBLICAÇÃO
SINDICATO NACIONAL DOS EDITORES DE LIVROS, RJ

B437a
Power, Dermot
A arte de Animais fantásticos e os crimes de Grindelwald / Dermot Power ; tradução Daniel Austie. - 1. ed. - Rio de Janeiro : Harper Collins, 2018.
256 p. : il.
Tradução de: Fantastic Beasts – The Crimes of Grindelwald: Art of the Film
ISBN 9788595084087
1. Ficção infantojuvenil americana. I. Austie, Daniel. II. Título.
18-50844 CDD: 028.5
CDU: 087.5
Meri Gleice Rodrigues de Souza - Bibliotecária CRB-7/6439
28/06/2018 10/08/2018

PÁSSARO-TROVÃO
Detalhe da abóbada celestial do Ministério da Magia Francês. O estilo do desenho teve bastante influência das xilogravuras do artista do século XVI Albrecht Dürer. **DP**

SUMÁRIO

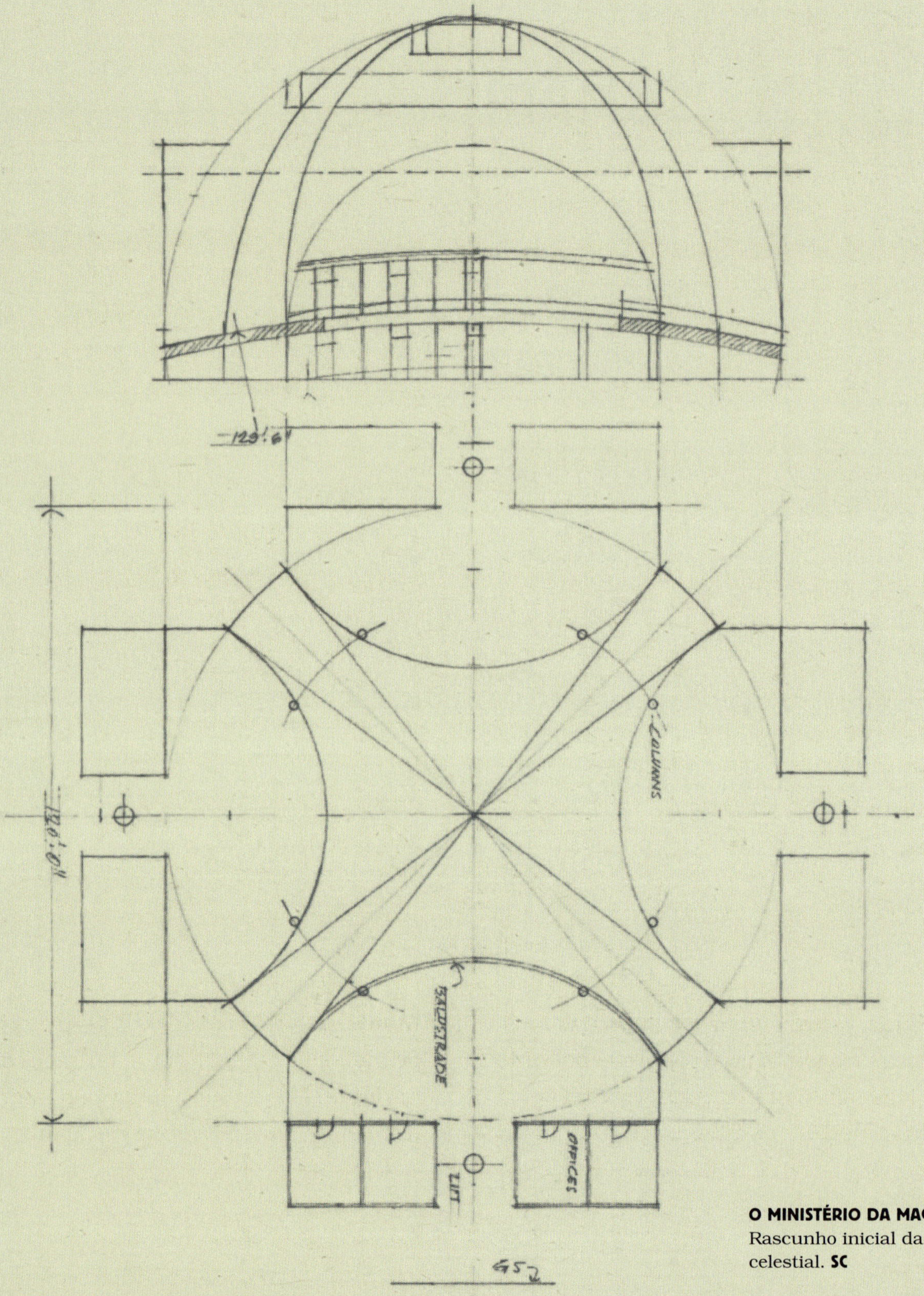

O MINISTÉRIO DA MAGIA FRANCÊS
Rascunho inicial da abóbada celestial. **SC**

PREFÁCIO

Eis aqui um apanhado geral da arte de *Animais fantásticos: os crimes de Grindelwald*. Da Paris erguida por Haussmann ao outro lado da mesma moeda, o mundo bruxo e suas criaturas.

Costumávamos fazer esboços, que eram bons para ilustrar condições e composições. Os melhores em geral eram os mais simples, feitos rapidamente com um pincel largo, e não com aqueles mais finos. Eram desenhos incompletos, mas muitas vezes tinham uma qualidade de “pintura”. O mesmo valia para pinturas de cenários.

A tecnologia possibilitou que trabalhássemos com fotorrealismo nas artes conceituais. Tornou-se cada vez mais complicado, com muito mais para o artista controlar — sendo a iluminação o mais importante, mas também a perspectiva atmosférica, as texturas, as pedras, a pele, as penas etc. No entanto, para essas imagens conceituais, o realismo não é suficiente. Imagens dramáticas exigem algum exagero enquanto as imagens mágicas também precisam ser críveis.

Nos filmes da série *Harry Potter* e em *Animais fantásticos*, a magia emergiu de situações muito reais e aparentemente verossímeis. Conseguimos isso com estudos e pesquisas. Por exemplo, o esqueleto do testrálio é parte cavalo e parte dragão. Uma criatura com seis membros era um desafio, mas fizemos desenhos anatômicos antes de moldá-lo. O denso nevoeiro em Londres era um clichê do cinema britânico nos anos 1940 e 1950. Porém, as pesquisas mostram que era uma realidade e que tinha um visual apropriado. Assim, decidimos recriá-lo. O cavalo-do-lago é metade animal e metade vegetal, um conceito difícil, mas tanto peixes quanto algas têm uma transparência em suas barbatanas e folhas, que ficaram lindas nesta imagem. Com esses e outros animais fantásticos criados pela empresa Framestore, é possível sentir seu caminho evolutivo, darwiniano.

É no porão e no galpão de Newt que os mundos paralelos convergem. O porão é uma autêntica construção de tijolos, mas com o artifício do exagero e parcialmente inundada. No espaço escuro e úmido, as vistas através dos arcos brilham, cheias de vida e com os animais fantásticos em seus habitats. Por sua vez, o galpão bagunçado de Newt também é lotado e é seu refúgio.

Apenas brevemente retratados nas artes de Paris estão a base da Torre Eiffel e o topo das torres de Notre-Dame da margem esquerda; mas não como cartões-postais, apenas detalhes, e nada muito óbvio. Há muitas pinturas digitais de cenários, ilustradas pelos artistas conceituais, ampliando as ruas que foram construídas nos estúdios, e levando Paris e toda a vida de suas ruas ainda além. O realismo confere credibilidade, porém, mais do que isso, nas mãos desses artistas, são pinturas, obras de arte com fortes composições, caráter, personalidade e atmosfera.

O Ministério da Magia Francês é um lugar muito complexo e foi inspirado no Grand Palais; *art nouveau* em grande estilo. Seu pátio principal tem um piso cônico raso e um motivo circular que liga abóbadas de vidro decoradas com imagens de constelações inspiradas no artista Albrecht Dürer, formando animais antigos. Tudo foi belamente ilustrado por Dermot Power, que renderizou todo o prédio mágico e criou os desenhos "Dürer" para serem aplicados como efeitos visuais. A iluminação é extremamente sutil, intricada e muito bonita.

Incluídos nesta coleção estão esculturas *art nouveau*, adereços, artefatos mágicos projetados com maestria e desenhos em escala, feitos a lápis — com mais ares de pintura do que os feitos digitalmente. O conhecimento dos estilos Gótico e Clássico que os desenhistas mais experientes trouxeram para o trabalho foi um grande presente. É a habilidade dos artistas e a habilidade dos modeladores que percebem o conceito, o conjunto de habilidades que muitas vezes nos surpreendem e rendem um bônus especial.

Tudo isso começa lá atrás, nos "esboços de set" da fase pré-digital.

• STUART CRAIG •

INTRODUÇÃO

O que encontramos nos livros do tipo "A arte de..." muitas vezes são imagens em estágios avançados de produção e muito refinadas, criadas ao longo dos processos de design do filme. Pinturas reluzentes e bonitas que reúnem todas as ideias de design final em uma única imagem. Elas parecem fantásticas em um livro sobre a arte do filme, mas nos contam apenas parte da história da produção.

Para cada um desses trabalhos tão elegantes, há dezenas de outras obras de arte que contribuíram para a imagem final e dezenas de artistas colaborando com esboços, mock-ups, construções e esculturas em 3D, figurinos, caracterização de personagens e design de criaturas dos departamentos de arte, adereços, efeitos visuais (VFX) etc. É esse trabalho e esses artistas que quero celebrar neste livro.

Para cada projeto que chega às telas há muitos outros que foram rejeitados pelas necessidades específicas do roteiro, seja porque não eram o que o diretor e o produtor imaginaram ou, como frequentemente acontece, o elemento que está sendo projetado foi retirado no último rascunho do roteiro. A arte produzida para esses projetos é, então, revista por um grupo muito seleto de pessoas envolvidas no processo de pré-produção e quase nunca vistas de novo. Isso é difícil para os artistas que, apesar da falsa modéstia, gostariam que suas criações alcançassem a audiência mais ampla possível. Mostrar nosso trabalho ao máximo de pessoas foi o que nos levou a ser artistas.

Em *A arte de Animais fantásticos: os crimes de Grindelwald*, vou mostrar toda a "arte" do processo de produção de filmes. Dos esboços iniciais às pinturas finais. Nas palavras deles, ouviremos da equipe de artistas, guiados por Stuart Craig, nosso maravilhoso diretor de arte; de jovens desenhistas que preparavam mock-ups (e xícaras de chá) até editores de arte experientes que pressionavam suas equipes de construtores e modeladores para dar vida às ideias de Stuart, David e J.K. Rowling. Também saberemos sobre a linha de raciocínio por trás do design e da construção de sets enormes e intricados que, embora precisassem apenas ser extensos o suficiente para os atores representarem suas cenas, costumam apresentar desafios significativos de engenharia. (Dois exemplos são o mezanino flutuante do Ministério da Magia Francês e as escadas suspensas de Newt.) Veremos como o departamento de efeitos visuais segue com a complexa e difícil tarefa de dar vida aos ambientes, sets e criaturas usando diversas ferramentas, todas com o mesmo objetivo; transportar para as telas algo belo, mágico e crível.

Espero que seja divertido ver essas maravilhosas imagens, modelos e esculturas, mas também informativo para aqueles que ficam curiosos sobre como os filmes são feitos e particularmente aqueles que podem estar considerando uma carreira de arte para filmes.

A maior parte dos designs "rejeitados" deste livro acabaram sendo rejeitados apenas porque foram explorações iniciais de criaturas, cenários ou objetos que aparecem na versão final do filme. Por exemplo, o crânio mágico de Grindelwald começou como uma caveira de vidro, depois tentamos uma versão esculpida de marfim, antes que um crânio mais simples e bonito fosse decorado. J.K. Rowling adorou esta versão e comentou sobre como ela era próxima da sua ideia original. Muitas vezes, mostramos ao diretor algo que ele não quer para descobrirmos o que ele quer. E às vezes, ele não sabe o que quer até que veja a primeira versão. Quase nunca acertamos de primeira.

Também temos alguns designs que acabam não aparecendo nos cinemas. Acho que esses projetos "podiam ter sido" são fascinantes porque mostram até onde vamos para convencer um diretor a usar um projeto e quanto trabalho acaba sendo deixado para trás. Em uma versão inicial do roteiro, um relógio específico foi descrito como pertencente ao nosso principal vilão, Grindelwald. A partir do esboço inicial de Stuart, o departamento de adereços de Pierre Bohanna elaborou uma mecânica intrincada, realizou testes de animação, até renderizações em cores foram produzidas antes que o objeto fosse descartado do roteiro. Uma ótima ideia e artes e animações incríveis que nunca seriam vistas — se não fosse por este livro.

Tivemos muita sorte de estar no departamento de arte de Stuart Craig. Ele é um diretor de arte brilhantemente inovador. Guia sua equipe com altos padrões, mas não controla demais seus designers. Ele nos dá espaço para explorar com base em certas ideias acordadas de antemão e sempre está confiante de que o design chegará ao que precisa sem que ele controle cada traço da caneta.

Você verá um dos desenhos de Stuart já no começo do livro. Muitas vezes, um desenho mínimo, mas exato, inicia o processo de criação. Evitei usar a palavra "esboço" aqui porque o termo sugere algo vagamente considerado. Isso não está certo. Grandes designers como Stuart ou Colleen Atwood, a figurinista, não fazem simples esboços. É mais como se eles soubessem exatamente o que o design geral precisa ter no começo, mas ainda não tivessem os detalhes. O desenho no início do processo fornece uma estrutura forte para o time criativo trabalhar. Contudo, o design final quase sempre permanece dentro dos traços gerais deste desenho anterior. O desenho que Stuart fez para o Ministério da Magia Francês, no início do livro, é muito próximo do que o editor de arte, Sam Leake, trouxe à realidade. As mesmas formas e curvas largas, mas agora existentes em aço e vidro; tanto virtual quanto real.

Duas das questões mais importantes são "O que o design precisa ter para atender ao roteiro?" e "Podemos fazer isso de uma maneira surpreendente e crível?". Um caso em questão são os corredores do Ministério. O roteiro descreve nossos heróis em um corredor, entrando em uma sala ao lado antes de sair em outro corredor. Quando você lê isso, na mesma hora evoca imagens de um corredor com paredes paralelas e portas de frente uma para a outra, com candelabros por toda sua extensão ou talvez luzes vindo do teto. É um corredor, então sabemos o que esperar. Exceto que Stuart Craig nunca projeta algo previsível. Com a ajuda do diretor de arte Sam Leake, Stuart criou um corredor que se liga ao gigantesco domo de vidro do Ministério em Paris, com um belo piso de azulejos, e portas e janelas em estilo *art nouveau* acompanhando a curva da cúpula: com o teto criado a partir de lâminas graciosas que se estendem para apoiar o mezanino acima, um corredor feito a partir de elementos do design geral do Ministério, que é bonito, estranho e crível, embora não seja como nada que você tenha visto antes. Em vez do clássico corredor com candelabros e chamas cintilantes que estamos esperando do roteiro, este é iluminado por meio das paredes de vidro, de uma fonte de luz que está muito além das câmeras.

Sempre fui fascinado pelo processo de design, a busca pela "narrativa" do desenho e a realização no início de minha carreira de que esta narrativa não é apenas sobre o roteiro, mas também sobre o roteirista e o diretor e o que os move. Às vezes, mostrar uma imagem de um castelo com uma figura em escala pode fazer com que um diretor franza a testa ao se preocupar com quem vai interpretar a figura, em vez de saber se o castelo está certo ou não. Tudo é história. O que vai para a tela é apenas parte dela.

▪ DERMOT POWER ▪

1
NOVA YORK

A CARRUAGEM DE TESTRÁLIOS E O EDIFÍCIO DO MACUSA
Quando a carruagem despenca, os testrálios abrem as asas, e o veículo emerge para o céu. Escolhemos um ângulo dramático, abaixo da carruagem. **EK**

A CELA DE GRINDELWALD / MS

O TELHADO DO MACUSA
Voltamos ao edifício do MACUSA. Mas dessa vez, Stuart criou o ambiente do telhado. O elevador que vem dos andares inferiores, visto no primeiro filme, segue até o telhado. Daqui, a carruagem guiada pelos testrálios que transporta Grindelwald é mostrada partindo. **EK**

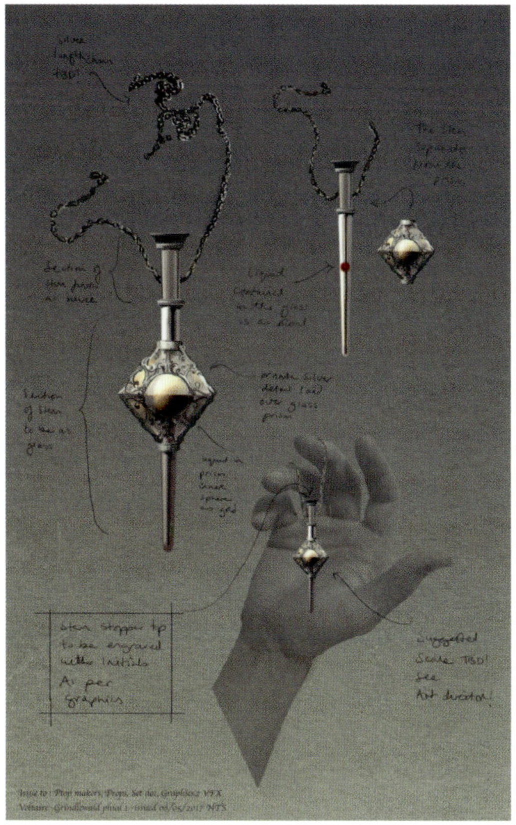

OS ESTÁGIOS DE CRIAÇÃO DO FRASCO / MS

AS VARIAÇÕES NO DESIGN DO FRASCO / MS

O FRASCO DE GRINDELWALD
Este foi um design inicial, influenciado por uma antiga caixa de joias feita de vidro que Miraphora Mina me deu. O frasco deveria flutuar, preso por um encantamento, e o invólucro delicado poderia ser quebrado no meio da ação do filme. **MS**

STORYBOARDS *(da esquerda para a direita)*
1. Grindelwald é retirado da cela para o transporte no qual deixará o MACUSA. **2.** Grindelwald é levado magicamente pela prisão do MACUSA. **3.** Interior da torre do MACUSA. Grindelwald é escoltado até a carruagem de testrálios. **4.** No topo do MACUSA, a carruagem aguarda. Os pés de Grindelwald, presos por mágica, surgem no quadro. **5.** A carruagem de testrálios dispara, partindo do MACUSA. No horizonte, vemos Nova York e o rio Hudson abaixo. **6.** A câmera alcança o rio enquanto vemos a carruagem seguir pelos céus. **7.** Grindelwald, que estava disfarçado de Abernathy, se revela abaixo da carruagem. O rio corre ao longe. **8.** Grindelwald enfrenta os aurores, enquanto a carruagem perde o controle no ar. O horizonte muda continuamente abaixo. **9.** Adorei criar esse quadro: Spielman cai da carruagem, vindo em direção à câmera, tentando desesperadamente recuperar sua varinha, enquanto despenca. **10.** Uma ideia bastante inicial da fuga de Grindelwald e Abernathy, no início do filme. A logo da Warner Bros. surgiria das nuvens e a carruagem a atravessaria. **GA**

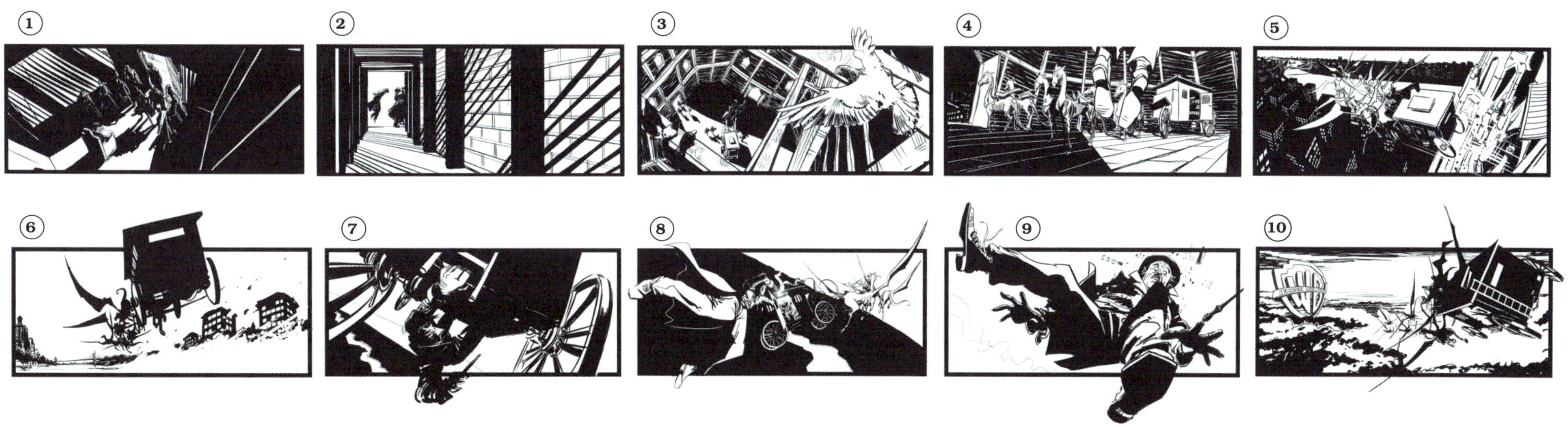

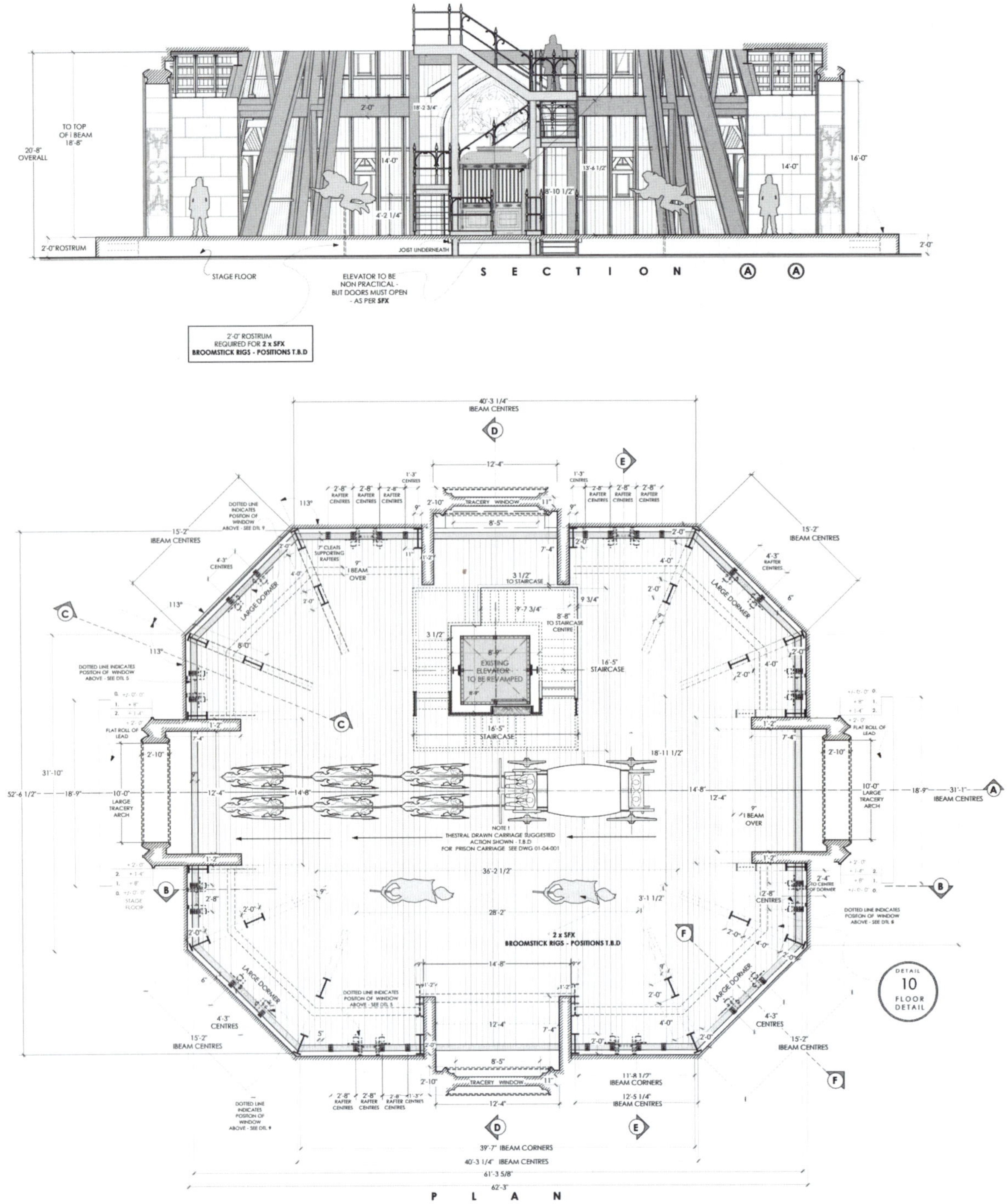

PROJETOS PARA O SET DO TELHADO DO MACUSA
Ao criarmos o visual do telhado do MACUSA, o maior desafio foi nos atermos a um ambiente que realmente existe (o Woolworth Building, em Nova York) e ao mesmo tempo criar um set que permitiria toda a ação da sequência. O projeto de Stuart manteve os elementos góticos do exterior, também criando um alto telhado aberto com elementos em aço expostos e vigas de madeira. Os toques finais incluem muita poeira, ninhos e cocôs de pássaro. **LF**

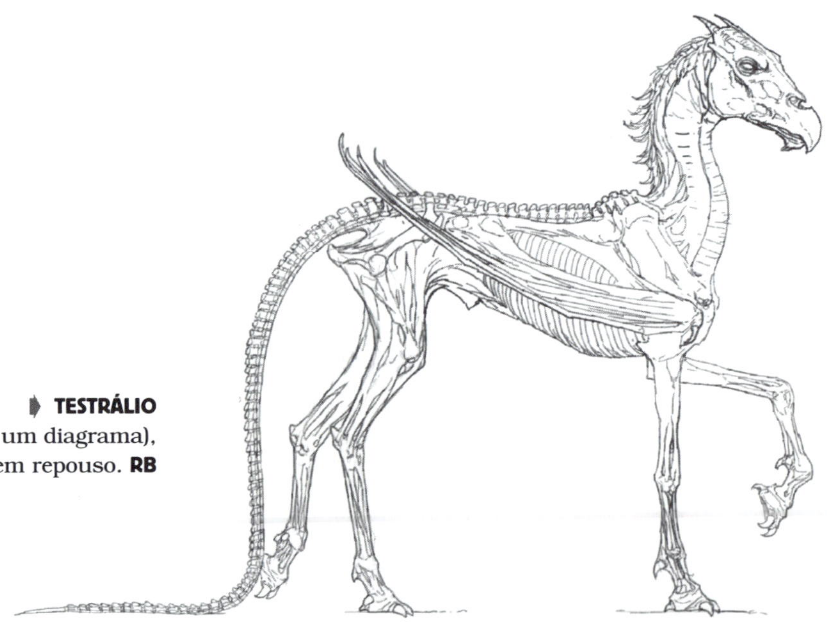

TESTRÁLIO
Nessa ilustração (que praticamente é um diagrama), podemos ver o testrálio com suas asas em repouso. **RB**

A FRENTE DA CARRUAGEM DOS TESTRÁLIOS / DB

O BAÚ DO MACUSA / MS

O BAÚ DO MACUSA

Quando a varinha e o frasco de Grindelwald são confiscados pelo MACUSA, a Varinha das Varinhas é selada dentro de um baú. Nossa demanda era criar um baú equivalente para o frasco, mas em vidro, para que pudesse ser quebrado durante a sequência de luta na carruagem. Stuart decidiu usar essa caixa retangular e pediu que seus parafusos parecessem feitos de vidro, com cada metade ajudando a resguardar o frasco. **MS**

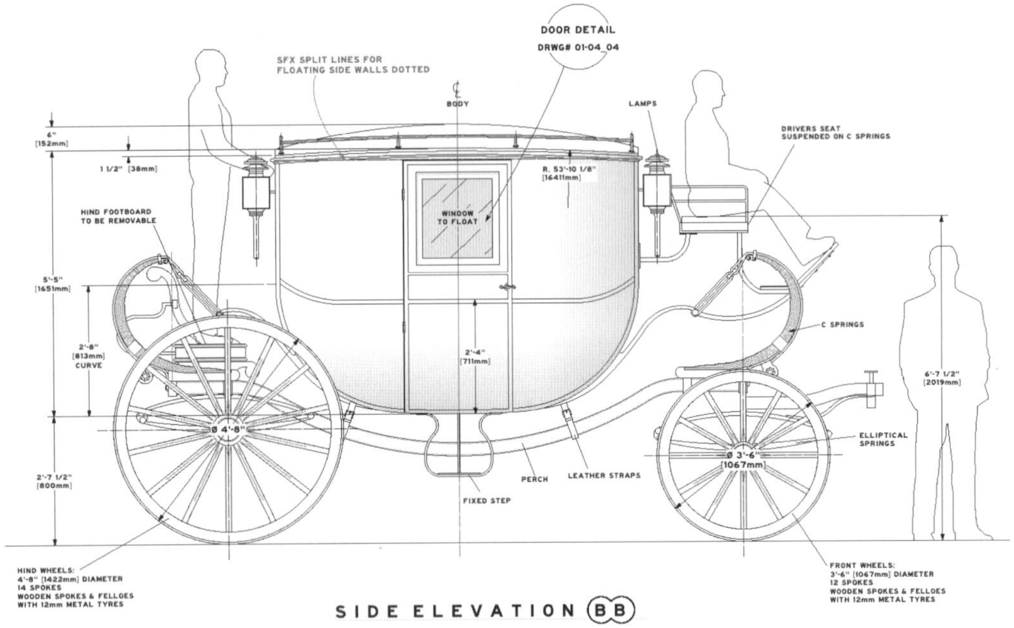

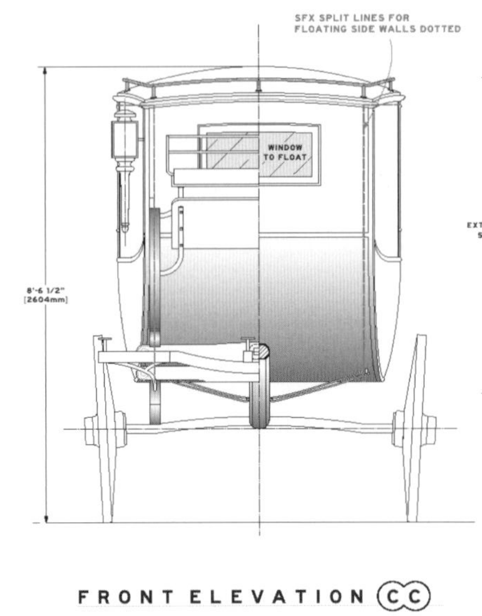

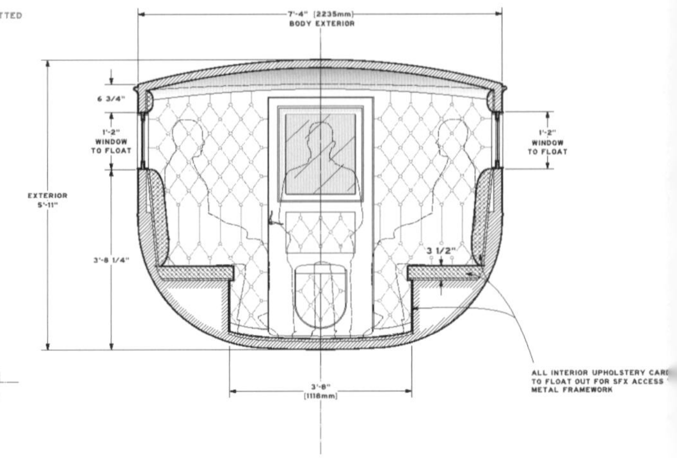

OS DESIGNS DA CARRUAGEM DOS TESTRÁLIOS

A carruagem dos testrálios serve para o transporte bruxo de prisioneiros entre os países. Como o prisioneiro deveria ser contido por meio de magia, Stuart queria um coche tradicional com curvas elegantes, suspensões em mola e um assento largo para o condutor. Visitei o Estábulo Real no Palácio de Buckingham para pesquisar designs. Inicialmente, era necessário que o interior acomodasse seis personagens, por isso aumentamos seu interior e acrescentamos assentos dobráveis nas portas. Uma carruagem de verdade foi feita por uma empresa tradicional da Polônia que cria carruagens artesanais há gerações, enquanto os nossos departamentos de construção e efeitos visuais trabalharam juntos para construir vários elementos e versões da carruagem para simular seu voo. **CM**

MODELO DA CARRUAGEM

Tivemos que trabalhar em grupo, com cinco pessoas da equipe, para fazer esse modelo rapidamente na noite anterior a uma reunião. Ter um modelo físico foi fundamental para as discussões sobre como filmar a ação dentro de um espaço pequeno, e as rodas muitas vezes acabavam rolando pela mesa da sala de reuniões! **AD**

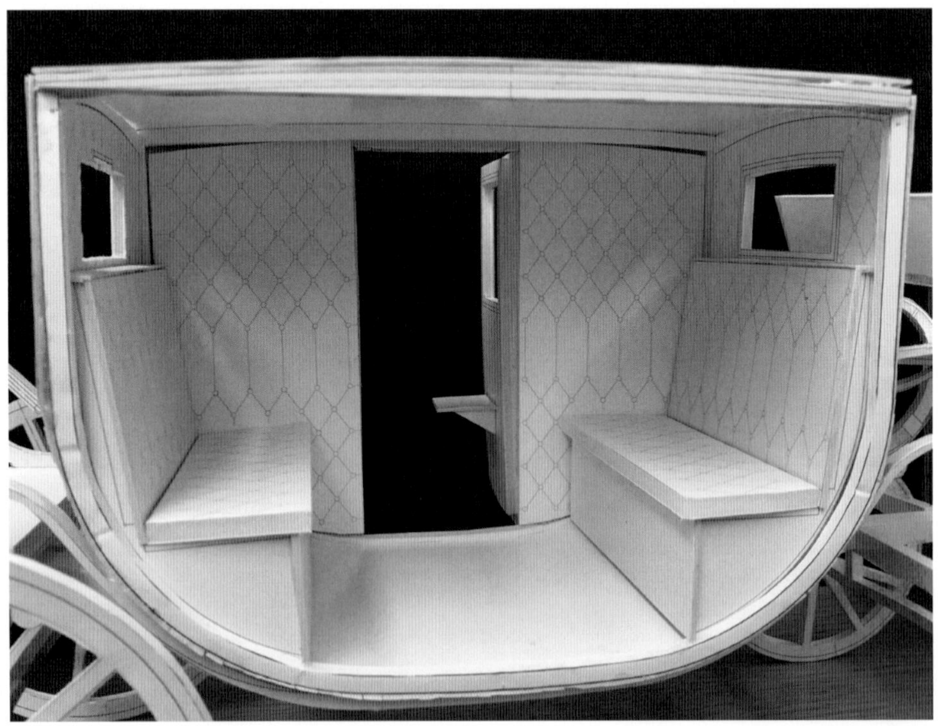

CARRUAGEM DOS TESTRÁLIOS
As cenas com a carruagem já tinham sido filmadas quando me pediram para fazer alguns testes de textura nas fechaduras. Esse visual simples era para demonstrar que sutis tons quentes não apareceriam quando houvesse muita luz, e que talvez fosse melhor mantê-los simples e cromados, como as maçanetas das portas de carruagens de verdade. **DP**

BRASÃO DA CIB / ML

DESIGN DE MAÇANETA (*detalhe*)
Tons sutis mais quentes foram usados, inspirados por belas peças de relógios antigos. **DP**

CHUPACABRA PARECIDO COM COBRA
Aqui, quis dar ao chupacabra alguns pelos, para que Grindelwald pudesse acariciá-lo. Também brinquei com membros longos como tentáculos. Gostei do jeito de cobra dele. **SR**

O CHUPACABRA
(*No topo*) Como ele é meio que o bicho de estimação de Grindelwald, precisava ser fofo, mas também cruel. Esse é um ângulo do chupacabra sendo o mais adorável que pode. (*No meio*) E um ângulo do chupacabra sendo cruel. (*Abaixo*) Para este conceito inicial do chupacabra, visitei o Museu de Zoologia de Londres e encontrei esses espécimes estranhos em jarros. Gostei da transparência na pele deles e achei apropriado para esse personagem. **SR**

O PAPAGAIO CHUPACABRA
Este chupacabra era uma mistura de filhote de papagaio com lagartos da família Varanus. Gosto de como os bebês de papagaios são fofos, mas também um pouco asquerosos. **SR**

ESBOÇOS INICIAIS DO CHUPACABRA
Em algumas lendas, há referências de que o chupacabra deixa uma marca de três furos na presa. Incorporei essa informação, dando ao bicho três grandes dentes. Seu corpo também foi inspirado em filhotes de canguru e ratos, para lhe dar um ar mais maldoso. **TS**

CHUPACABRA GORDUCHO
Quando decidimos que o chupacabra precisava ser fofo, fizemos novos conceitos. Neste, brinquei com a ideia de que ele seria um animal de estimação mimado e gordo. **SR**

ESBOÇO INCIAL DO CHUPACABRA
Para a cabeça, observei crânios de morcego e a disposição de seus dentes. Também lhe dei garras ameaçadoras para deter suas presas e um rabo de cobra capaz de agarrar e prender. Queria que ele parecesse poderoso, mesmo sendo pequeno. **TS**

CONCEITO DO CHUPACABRA
Esses são conceitos duplos: a versão bonitinha e a do momento em que ele fica repulsivo. Me inspirei em folhas de azevinho, por conta de sua natureza espinhosa, depois acrescentando espinhos retráteis e uma crista como um azevinho. Originalmente, pensamos em tons verdes e vermelhos, mas abandonamos a ideia, buscando por cobras mortais como inspiração. **SR**

FURNISHERS
DECORATORS
ELEPHANT
WESTMINSTER
REGENT St
OXFORD St
ARCH
FURNISHERS
DECORATORS
37

2 LONDRES

◀◀ TERMINAL DE ÔNIBUS
Newt chega a um terminal de ônibus. Com todas as pinturas nesta sequência, foi muito divertido brincar com as diferentes densidades de nevoeiro, tendo os edifícios apenas como silhuetas ao fundo. As imagens foram feitas em modelos 3D, que eu pintava e iluminava ou apenas pintava sobre as fotos da locação. **EK**

▲ O ASPIRADOR DE PÓ DO MINISTÉRIO DA MAGIA (*de cima para baixo*)
O conceito foi retrabalhado a partir de um projeto de Adam Brockbank para o Ministério da Magia na série *Harry Potter*. Stuart e Anna Pinnock insistiram nesse formato, que remete às formas das máquinas de limpeza dos anos 1950, com uma utilidade adicional. Anna achou que seria divertido se ele cuspisse e despejasse mais poeira do que limpava, e Pierre sugeriu que houvesse um espanador de penas que pudesse atacar um estranho mago desajeitado enquanto o objeto vagasse pelos corredores. **MS**

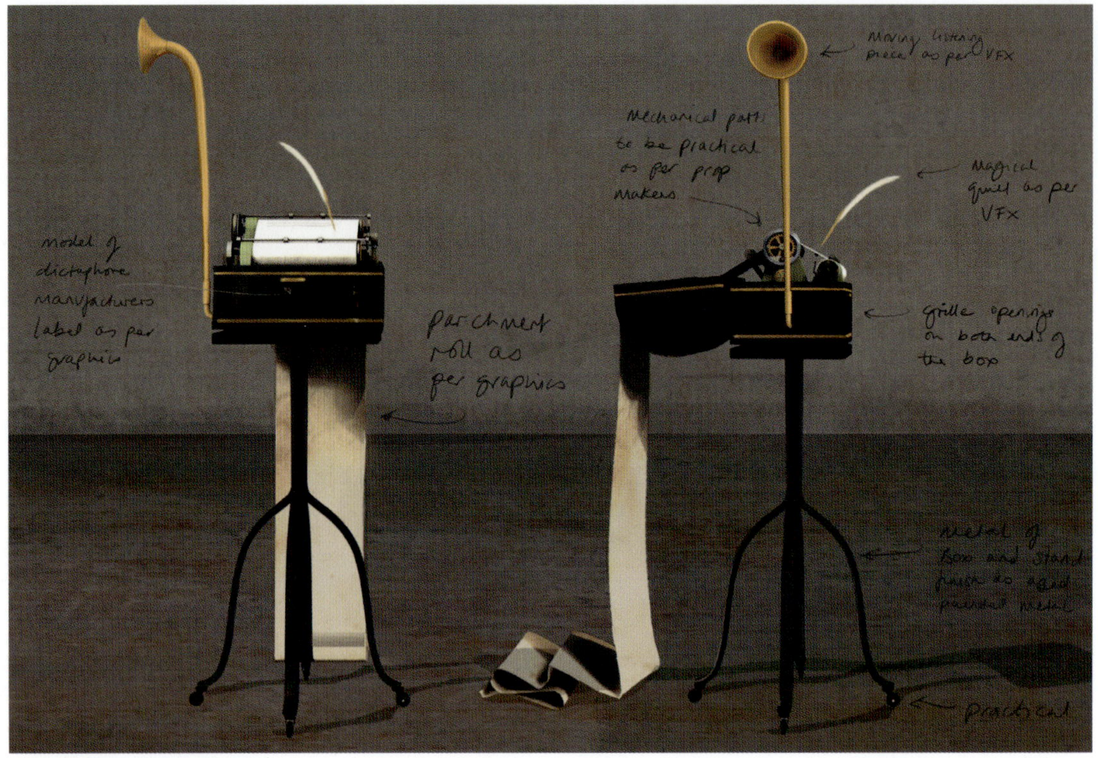

▲ ASPIRADOR DE PÓ
O aspirador de pó de Molly em ação. Escolhi o ângulo baixo para adicionar um pouco de humor à cena. **DP**

O DITAFONE

O departamento de arte encontrou um fabuloso ditafone antigo, que foi a base para a criação desse adereço. Os diretores de arte Kate Grimble e Hattie Storey me deram ideias sobre como incluir a magia aos elementos de escuta e escrita. Durante a audiência de Newt, o ditafone escuta pelo funil e uma pena transcreve o que é dito em um rolo de pergaminho, que se estende por trás. **MS**

O DITAFONE EM AÇÃO / MS

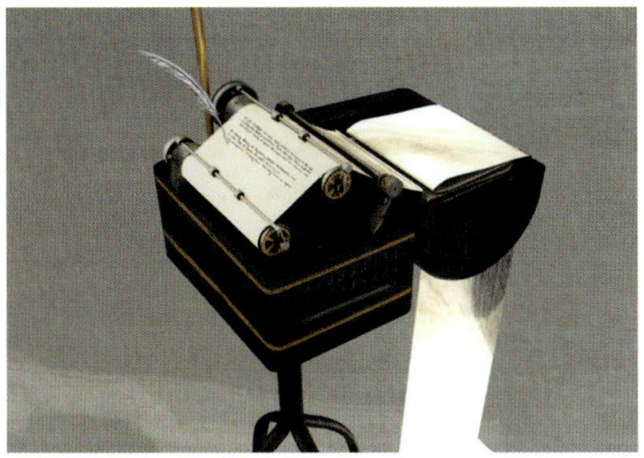

THESEU SCAMANDER, FIGURINO

Um dos detalhes que Colleen descreveu foi o pano de fundo de cada ilustração. Neste caso, ela foi muito precisa sobre a cor e o uso do vermelho que imaginou. **CC**

SALA DE AUDIÊNCIA

Quando preparei esse visual, foi mais uma indicação para os cineastas de que "efeitos visuais serão necessários aqui", para substituir a imagem etérea acima da mesa, e então a aparência que a visão de Credence deveria realmente ter. **DP**

A AUDIÊNCIA

Uma ilustração inicial retratando a reunião de Newt com Theseu no Ministério da Magia. **GA**

'Aqui temos um horizonte melancólico e gasto, mostrando particularmente a área do mercado Old Spitalfields como estilo de arquitetura.'

• A VISTA DA NOITE DA CATEDRAL DE SÃO PAULO / KF •

CATEDRAL DE SÃO PAULO
Um contraplano da catedral de São Paulo, elevando-se acima de Londres, com o sol da tarde adicionando um pouco de cor. Isso foi para a cena em que as figuras de Dumbledore e Newt seriam vistas juntas no telhado. Criamos esse conceito usando uma combinação da tecnologia LIDAR, em que um laser é refletido de um objeto distante para escanear a forma de sua superfície, e Photoshop. **SM**

TRAFALGAR SQUARE
Newt e Dumbledore atravessam o nevoeiro de Londres. Neste conceito, eu esperava convencer os produtores a criar um set que incorporasse os leões da Trafalgar Square. **DP**

O PARQUE
Newt entra no parque: silhuetas fortes em primeiro plano e camadas de neblina ajudam muito na construção da atmosfera. Para este conceito, construí um modelo digital do portão do parque e corrimões com base em planos e elevações criados pela direção de arte. **EK**

VISTA DE LONDRES DO TOPO DA CATEDRAL DE SÃO PAULO
Isso foi criado usando uma combinação de escaneamentos LIDAR, feitos de vários pontos altos em torno de East London e depois inseridos no Photoshop. A ideia era ter uma sensação de luz noturna e mostrar Londres como seria em 1927. **SM**

RIO TÂMISA
Newt passa pelo Tâmisa: a silhueta do Parlamento pode ser vislumbrada ao fundo. Esse desenho seria para a construção de um pequeno set com extensões digitais. **EK**

ALVO DUMBLEDORE, FIGURINO
Nesta ilustração, Colleen deixou claro que tipo de tecido e textura queria usar. Ela também foi muito específica no nó da gravata e no tipo de sapatos que Dumbledore deveria usar. **CC**

CATEDRAL DE SÃO PAULO
Em um beco nebuloso de Londres, uma luva preta fica na frente de Newt e acena, apontando para a catedral. Dumbledore está esperando por ele no telhado. **EK**

EXTERIOR DE UM PUB BRUXO
Este conceito se desdobra em como Newt poderia entrar em um pub bruxo, que naturalmente estaria escondido no subsolo. Foi pintado a partir de uma imagem do porão sob o pátio da Somerset House. Adicionei um ônibus de dois andares e pessoas caminhando nos fundos para dar uma ideia de vida nas ruas. **EK**

3

O PORÃO DE NEWT

VISÃO AÉREA DO PORÃO DE NEWT
Decidimos que os habitats seriam mais “reais” desta vez, ao contrário das versões teatrais de *Animais fantásticos e onde habitam*, e que não seguiríamos Newt pelas alcovas. Assim, não precisamos projetar cada habitat para uma mesma cena. Essa pintura conceitual relativamente vaga, feita sobre uma tomada editada, foi suficiente para estabelecer o visual. **DP**

O EXTERIOR DA CASA DE NEWT
Newt chega em casa e é iluminado pela luz de um carro. Uma pintura sobre uma foto de locação; adicionei carros de época, muita fumaça saindo das chaminés e, claro, névoa. **EK**

BISHOPS
TERRACE

DESIGNS DE STORYBOARDS
Esses três designs de storyboards do Zoológico de Newt mostram as primeiras ideias de como o protagonista pode entrar, espalhando luz no porão, Dumbledore vendo Newt selar o cavalo-do-lago e Jacob abraçando Newt na sala de estar, observado por Queenie. **GA**

O PORÃO DE NEWT PELA ENTRADA DA RUA
Essa é a vista que você teria ao entrar no porão de Newt pela entrada da rua. **DP**

NEWT SCAMANDER, FIGURINO
Nesta lâmina, Colleen buscou dar uma claridade distinta de cada peça de roupa através de tecidos, texturas e cores. Ela quis fazê-los parecer perfeitos para o personagem, com especificidades sutis. **CC**

INTERIOR DO PORÃO DE NEWT
Visão inicial do hospital do porão de Newt, incluindo o galpão mágico e as alcovas criadas por Stuart, que levam aos habitats das criaturas. A essa altura, não sabíamos se conseguiríamos gastar tempo nos ambientes das criaturas como fizemos no primeiro filme. Então, para preencher o espaço, enchi as alcovas com pinturas e ilustrações de livros da época — dando aos habitats a sensação de dioramas do Museu de História Natural. Tim Dutton passou muito tempo imaginando e modelando a alvenaria de acordo com os padrões rigorosos de Stuart. As escadas, além de muitos outros elementos, foram construídas pelo diretor de arte Martin Foley. **DP**

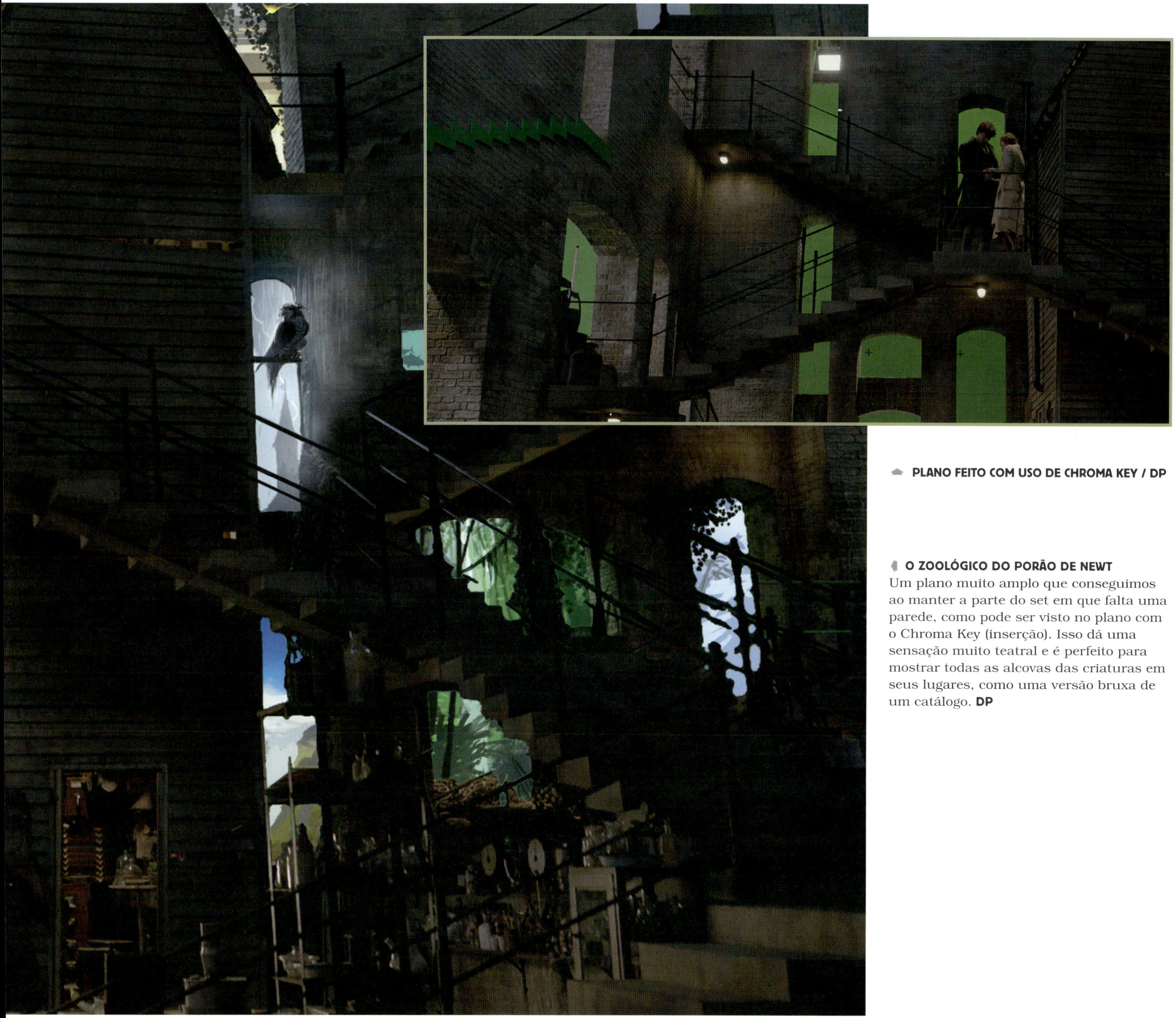

PLANO FEITO COM USO DE CHROMA KEY / DP

O ZOOLÓGICO DO PORÃO DE NEWT
Um plano muito amplo que conseguimos ao manter a parte do set em que falta uma parede, como pode ser visto no plano com o Chroma Key (inserção). Isso dá uma sensação muito teatral e é perfeito para mostrar todas as alcovas das criaturas em seus lugares, como uma versão bruxa de um catálogo. **DP**

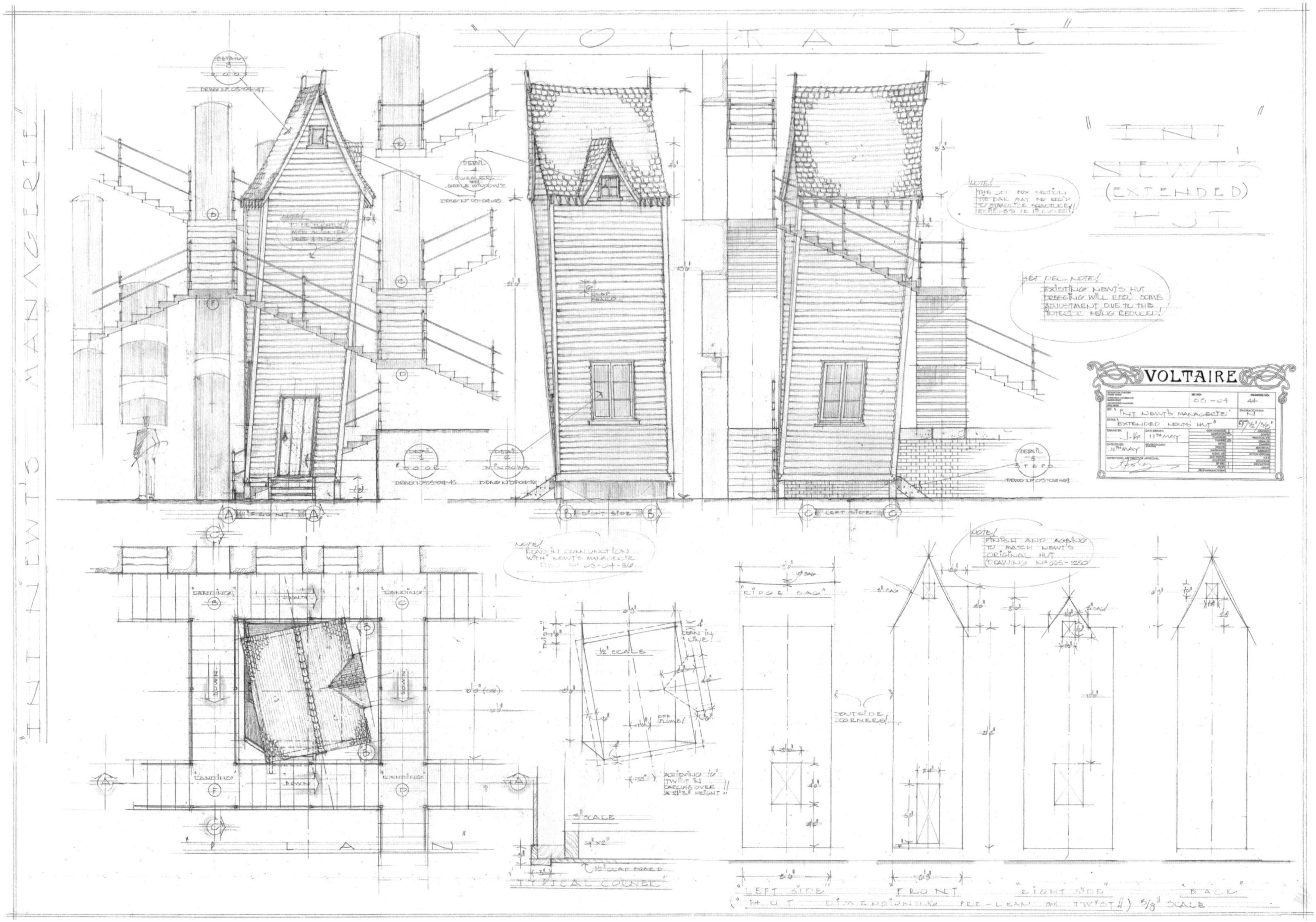

O GALPÃO DE NEWT

O estilo usado foi baseado no galpão original do primeiro filme, mas o ampliamos com um toque a mais no design, que teve que caber dentro da abertura da escada central, mantendo todas as características originais. **JK**

O CAVALO-DO-LAGO

Neste conceito inicial, o cavalo-do-lago flutua acima de Newt de um jeito ameaçador. A água sobe, magicamente contida, ao contrário de estar atrás do vidro de um aquário. **DP**

O CAVALO-DO-LAGO
Nestes desenhos, quis mostrar como o cavalo-do-lago poderia deixar a água, como um anfíbio, para se tornar um cavalo de quatro patas em terra. **MK**

CONCEITOS INICIAIS DO CAVALO-DO-LAGO / PC

O CAVALO-DO-LAGO
Esta é a minha primeira versão colorida do cavalo-do-lago. Foi muito divertido brincar com diversas plantas aquáticas para a criação de seu corpo. **MK**

DESENHOS DO CAVALO-DO-LAGO
Nos primeiros quatro desses esboços de cavalo-do-lago, tentei explorar a ideia de que essa criatura estaria coberta de algas, que se parecem com uma crina de cavalo. Em seguida, a ideia do cavalo-do-lago usando algas para se camuflar. Por fim, pensei como seria se você só pudesse ver uma ponta da cabeça dele acima da superfície da água. Imaginei que um comportamento parecido com o de um crocodilo poderia fazer essa criatura parecer assustadora e interessante. **JJ**

O CAVALO-DO-LAGO E NEWT
O cavalo-do-lago foi descrito para mim como um mustangue selvagem que precisa ser domado. À medida que desenvolvi a aparência do corpo, neste esboço decidi brincar com as formas de interação de Newt com essa criatura. Um rodeio submerso parecia uma solução natural. **JOH**

ESBOÇO DO CAVALO-DO-LAGO
Esses esboços foram minhas primeiras tentativas de imaginar o cavalo-do-lago e a primeira coisa que fiz nesse filme. **MK**

O CAVALO-DO-LAGO
Enquanto tentávamos capturar a essência do cavalo-do-lago, fiz muitas versões dele, mas essa é a que parecia estar no caminho certo. Uma criatura bonita e poderosa que quase parece ser feita de algas marinhas e lodo. **DB**

PROJETOS INICIAIS DO CAVALO-DO-LAGO
O cavalo-do-lago foi um grande desafio. Seria enfadonho colocar um pouco de alga num cavalo, mas, ao mesmo tempo, se fôssemos muito além da descrição que tínhamos, não seria um cavalo-do-lago. Nestes três conceitos iniciais, experimentei adicionar um pouco de características do cavalo-marinho. **PC**

NEWT MONTA O CAVALO-DO-LAGO/ FS

O CAVALO-DO-LAGO / MD

3D DO CAVALO-DO-LAGO
À medida que o processo de design se aproximava do design definitivo do cavalo-do-lago, fiz essas esculturas em 3D para transmitir mais das ideias que tínhamos do movimento da criatura. **DB**

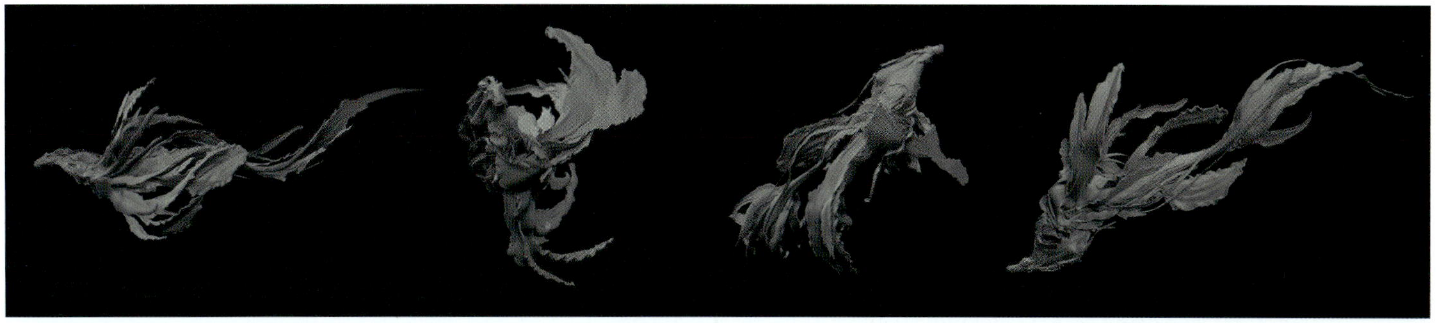

O KRAKEN PIGMEU
"Faça com que seja grande, mas não grande demais" — essa era a ideia por trás do kraken pigmeu. Sempre pensei neste conceito como uma versão adolescente ou infantil do kraken mais famoso. **JOH**

O MUSKRILL (*página ao lado, imagem principal*)
Este foi um projeto de Carlos Huante que me pediram para pintar. Prestando muita atenção ao trabalho de lápis de Carlos, consegui criar essa criatura com uma carapaça. **JOH**

O MUSKRILL (*página ao lado, à direta*)
Fiz explorações bioluminescentes de todas as criaturas do fundo do mar nas quais estava trabalhando. O muskrill, conforme desenhado por Carlos, tinha essas grandes extensões de pele carnuda, em ambos os lados da cabeça, que precisavam ser iluminadas, e aqui estão dois estudos com paletas de cores diferentes. **JOH**

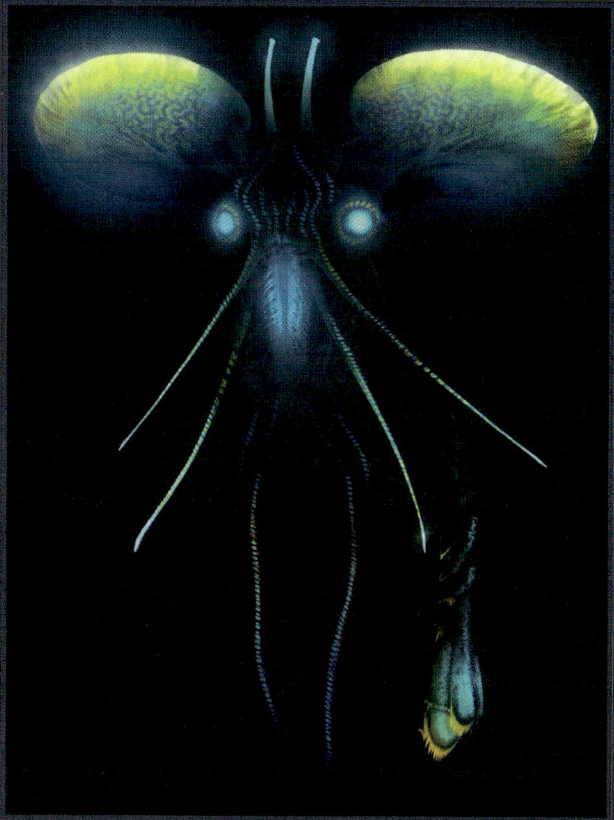

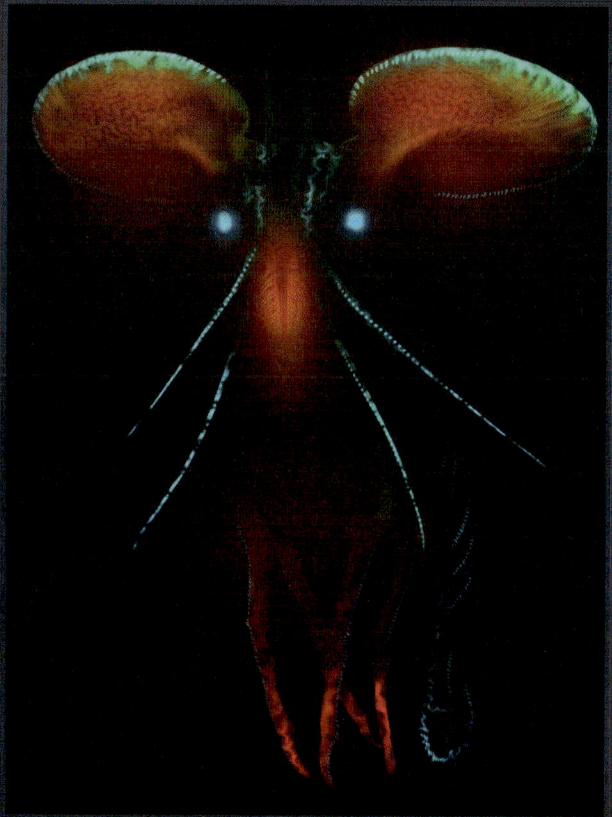

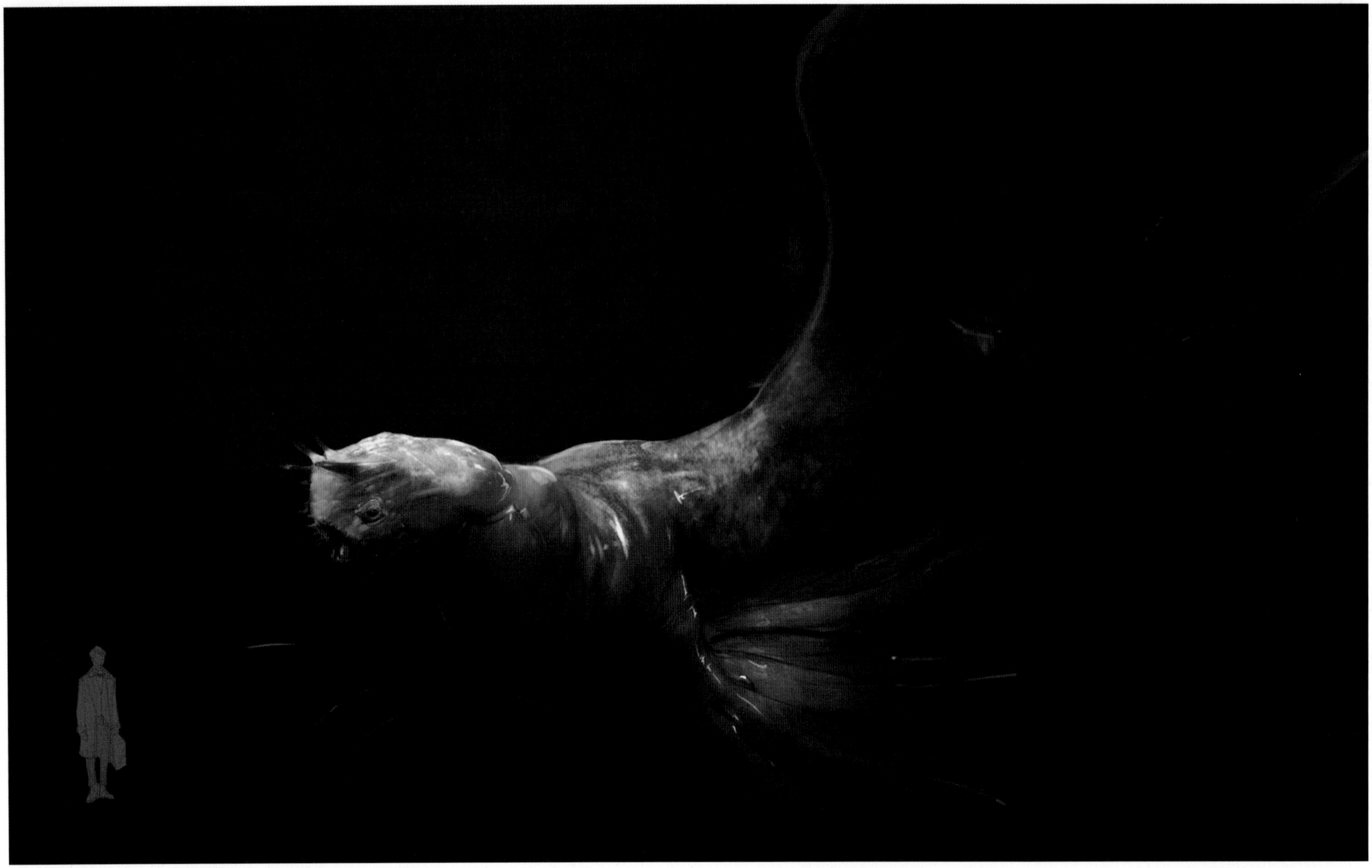

A CRIATURA DO FUNDO DO MAR
Uma das minhas primeiras explorações do design das criaturas do fundo do mar. Para este, decidi ir direto à pintura, já que queria transmitir temperamento e atmosfera no conceito da criatura. **JOH**

O ZOOLÓGICO DE NEWT (*página ao lado, de cima para baixo*)
Às vezes, é útil ter fotos reais do filme editado para combinar com seus designs. Essa cena de Jacob era um dos ângulos mais frequentes, então decidi preencher as áreas de Chroma Key com as criaturas mais famosas e reconhecíveis (bem, pelo menos para mim), os bezerros apaixonados. No segundo desenho, lá vai o peixe para a pequena janela enquanto ele tenta ver para onde o agoureiro voou. Por último, as folhas de outono que chegam de um habitat conectam o real e o digital. **DP**

O PLANETA DOS BEZERROS APAIXONADOS
Este é um exemplo de design profundo, um pouco como "método de ator". O planeta dos bezerros apaixonados que agora caiu no lago nunca seria visto, exceto em parte pela janela atrás da cabeça de Jacob. Mas deu certa lógica para a aparência e o comportamento das criaturas. Como visto nos dois conceitos menores, eles teriam que nadar através da calçada parcialmente submersa e se secar depois de pularem para o batente da janela, olhando para Newt e Jacob. **DP**

AS VARIAÇÕES DOS FILHOTES PELÚCIOS
Baseei tudo isso em nossas referências para efeitos especiais, a família de porquinhos-da-índia de Nordin Rahhali. O pelo desgrenhado e as proporções do corpo do porquinho-da-índia são muito divertidas, por isso deram uma direção perfeita. **CHu**

FILHOTES PELÚCIOS
Como poderíamos fazer algo que já é engraçado e, odeio dizer isso, fofo, ficar ainda mais fofo sem ser sentimental demais? Os filhotes pelúcios são essencialmente a versão mais dócil e gentil do que um dia se tornarão. São lindos, mas fique de olho nos seus objetos valiosos. **CHu**

A MÁQUINA DE RAIOS X DE NEWT
Anna, Kate e Hatty tiveram algumas referências antigas surpreendentes que adaptamos em algo que, nesse conceito, aparentaria ser capaz de trabalhar em uma variedade de criaturas mágicas. **MS**

A ARMADILHA DE PELÚCIO
Nesse conceito de adereço, a cesta contém uma ilusão de objetos brilhantes, criada por um revestimento que reflete a luz, o que estimula os bebês a entrarem nela e serem capturados. **MS**

PELÚCIO DESPERTADOR

Nos pediram para esboçar objetos cômicos que o pelúcio poderia comer. Pensei que um despertador seria uma boa piada. **SR**

PELÚCIO ESPAGUETE

Aqui ele está se dobrando como uma corrente, como se estivesse comendo espaguete. **BK**

PELÚCIO MOLA

Aqui, ele engoliu uma grande mola, fazendo graça quando desce rolando um lance de escadas. **BK**

PELÚCIO GAIOLA

Esses desenhos mostram o que acontece se o pelúcio come algo grande demais. Aqui, a criatura engoliu uma gaiola, sem perceber que estava ocupada. **BK**

PELÚCIO CLOCHE

Aqui, ele joga fora a comida dentro do cloche para que possa ingerir o metal brilhante. **BK**

PELÚCIO SINO

Aqui ele engoliu um sino, mas ainda está com fome. **BK**

FILHOTES PELÚCIOS

Um conceito para os filhotes pelúcios. Ele ainda não vê muito bem, mas é atraído por objetos brilhantes. **BK**

PELÚCIO SINO #2

Agora o pelúcio vê que o sino é uma refeição pesada. **BK**

PELÚCIO LÂMPADA

Aqui ele engoliu uma lâmpada e está preso dentro da cúpula. **BK**

O AGOUREIRO
Neste conceito inicial, tentei dar a ideia de o agoureiro ser um velho recluso e maltrapilho que parou de se importar com a sua aparência. **SR**

ESBOÇO DO AGOUREIRO
Aqui, explorei os tipos de aves que o agoureiro poderia ser. A ideia de que ele já foi uma poderosa ave de rapina serviu como contraste com o pássaro agora cansado. Corujas, águias e, claro, abutres foram considerados. **JOH**

ESBOÇO DO AGOUREIRO
Mais explorações dos traços de personalidade do agoureiro. A ideia de uma asa que se expande pela metade acrescentou charme e humor ao personagem. **JOH**

O NINHO DO AGUREIRO
O agoureiro pode se tornar ainda mais melancólico quando descobrimos que ele mora em cima de um cemitério. Isso foi baseado na igreja da minha cidade natal na Irlanda, onde pode chover por meses. **DP**

ESBOÇO DO AGOUREIRO
Para o agoureiro, o objetivo era capturar as características de desesperança associadas à mitologia dessa criatura. Nesta série de esboços, explorei o que esta outrora magnífica criatura havia se tornado ao longo dos anos. **JOH**

ESBOÇO DO AGOUREIRO
A plumagem contribuiu muito para capturar a personalidade do agoureiro. As penas eriçadas e esporádicas de fato salientaram seu perfil. **JOH**

DESENHO DO AGOUREIRO / PC

O AGOUREIRO
Nesta imagem, tentei dar ao agoureiro o ar de um velho cavaleiro pomposo. **SR**

DESENHO INICIAL DO AGOUREIRO
Esses primeiros conceitos do agoureiro foram considerados um pouco pré-históricos: eles voltaram com um bilhete, solicitando algo mais ridículo e divertido, que lembrasse o patola-de--pés-azuis. **PC**

O AGOUREIRO
Esse conceito do agoureiro tentou lhe conferir uma sensação mais cômica. Usei corujas e mariposas como referência. As antenas, sobrancelhas e penas poderiam ajudar a transmitir seu temperamento. **DR**

O AGOUREIRO (*página ao lado, acima*)
Esta versão do agoureiro deveria parecer um tanto ridícula. Adorei a ideia da peruca quase do século XVIII, trazendo também elementos de pavões e traças com os "olhos" nas asas. **DR**

O AGOUREIRO (*página ao lado, abaixo*)
Usando o design de Dylan Baker, esse conceito foi

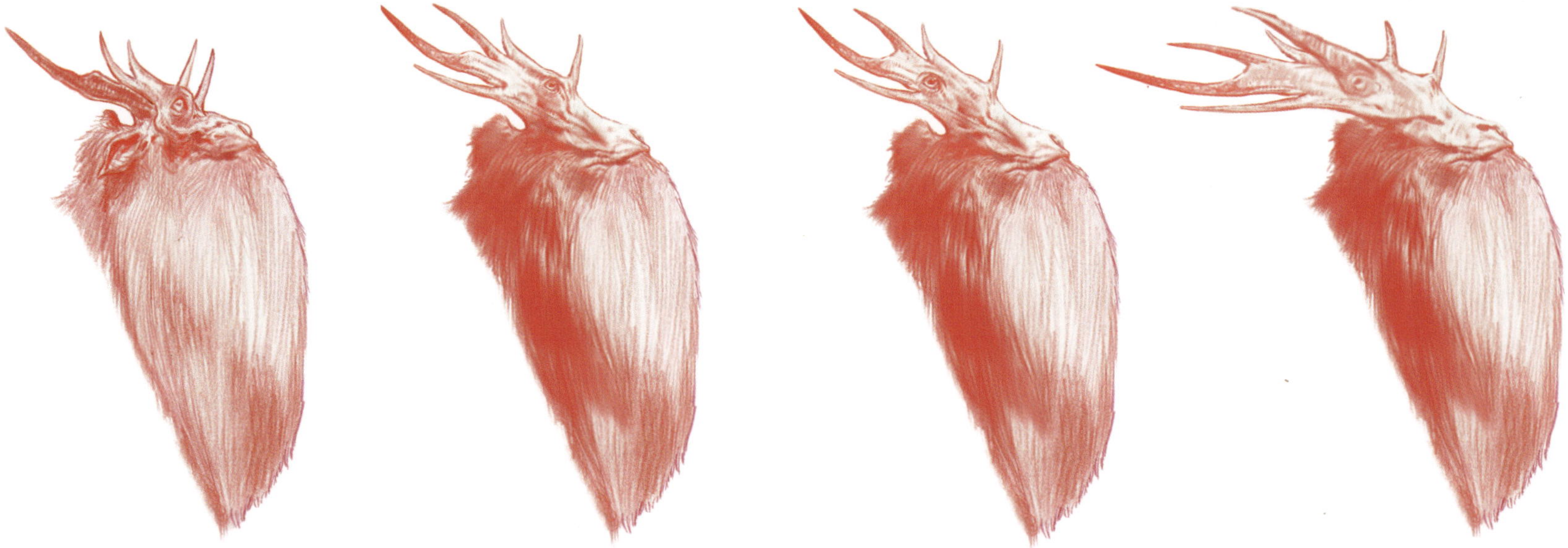

ESBOÇOS E PROJETOS DA LEUCROTA
A boca aberta dessa criatura precisava fazer sentido, então foi um desafio torná-la crível nesses desenhos e esboços. Mas fiquei feliz com o quão natural acabou ficando. **CHu**

A LEUCROTA
Essa foi a minha ideia para a leucrota, uma criatura de boca larga inspirada pelo tubarão-frade. Pensei que essa criatura poderia se alimentar da mesma maneira, abrindo sua enorme boca e engolindo enxames de insetos de uma vez só. **DB**

CONCEITO DA LEUCROTA
Este conceito inicial da leucrota foi baseado em uma fotografia de um crocodilo atacando um gnu. Gostei da ideia de algo que se comporta na grama alta da mesma forma que um crocodilo faz no rio. **BK**

UMA CRIATURA DE REBANHO
Aqui temos vários conceitos iniciais para um animal de rebanho. Imaginamos que seria um animal simples, uma espécie de bisão com leão. Também tinha DNA de moa, o extinto pássaro gigante, então ele é uma divertida mistura naturalista. Essa criatura seria muito interessante com todos esses atributos; o rugido de um leão, o grito de um bisão, o canto de um galo; tudo o que poderia ter sido bem divertido de se brincar. **CHu**

A CORUJA "OLHO-TONTO"
Nos pediram para apresentar ideias de animais machucados, e achei que seria legal se víssemos como Newt fez um olho mecânico no estilo "Olho-Tonto Moody" para um de seus pacientes. **SR**

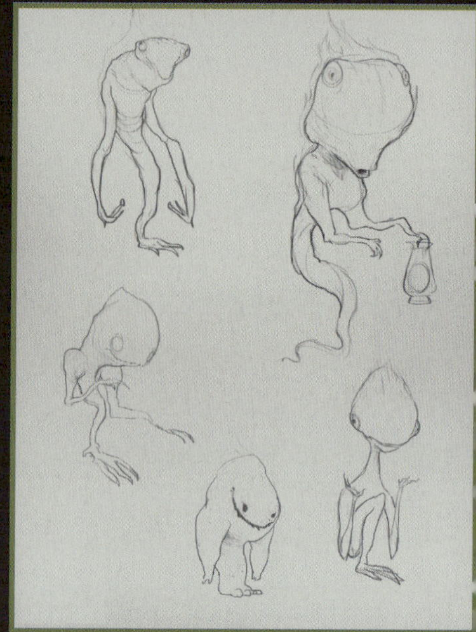

ESBOÇOS INICIAIS DO HINKYPUNK
Achei muito difícil imaginar esse carinha de uma perna só segurando uma lanterna, mas tudo faz parte do processo de design. **MK**

DESIGNS INICIAIS DO HINKYPUNK
Esta versão foi a mais próxima do estilo "fantasma com essência fluorescente". **MK**

PROJETO DE PORCO-PANDA DE SEIS PATAS
Tentar encontrar um tipo diferente de criatura para preencher o segundo plano foi divertido, então comecei a fazer combinações ridículas de animais. O "porco-panda de seis patas" foi o que as pessoas mais gostaram e me deram a chance de desenvolver um conceito. **CHu**

▲ **DESIGNS INICIAIS DO HINKYPUNK**
Quando tentamos pensar como o etéreo Hinkypunk poderia ser, uma grande variedade de ideias foi apresentada. Nesta, imaginei algo entre um fungo, um fantasma e um animal. **MK**

"A maior parte do trabalho era desenvolver a ideia do que seria a criatura — como esse carinha podia se mover e saltar. Usei a foto de uma fumaça e desenhei seu contorno, dando-lhe forma."

• DESIGNS INICIAIS DO HINKYPUNK / MK •

DESIGNS INICIAIS DO HINKYPUNK
Essa ideia inicial para o Hinkypunk é uma lanterna mágica cercada por um corpo de fumaça e sombra. O corpo da fumaça pode mudar de forma, mas a lanterna continua sendo um objeto sólido. Gostei da ideia de que ele poderia se inflar para assustar alguém e, em seguida, tentar escapar por um pequeno buraco de fechadura — e, então, ficasse frustrado quando a lanterna não passasse pela abertura. **BK**

DESIGNS INICIAIS DO HINKYPUNK
Essa versão do Hinkypunk é muito mais assimétrica. A ideia é que seus membros dobrariam em todos os lugares errados. **DB**

DESIGNS INICIAIS DO HINKYPUNK
Queria que essa versão do Hinkypunk parecesse desordenada. Imaginei-a rindo e falando sozinha enquanto se movia na escuridão. As três mãos também podem levar a algumas possibilidades de animação bem interessantes. **DB**

O HINKYPUNK
Imaginei que, às vezes, ele pode ser confundido com um cogumelo ou uma água-viva que flutua pelo ar e, quando tocado, se dissolve como fumaça. **MK**

4
CIRCO ARCANUS

O CIRCO ARCANUS A TODO VAPOR
A tenda do circo foi erguida no set que retrata as ruas de Paris, no terreno nos fundos do estúdio. Havia muitas barracas, pessoas montando em arpéus e acrobatas balançando no ar, para criar a sensação de cor e movimento. **EK**

ESBOÇO DO CIRCO ARCANUS
Uma vista mais ampla do set em desenvolvimento no terreno dos fundos do estúdio reúne todos os elementos, desde as extensões digitais do set acima do terceiro andar, até o posicionamento do circo e sua decoração. Este foi apenas um de uma série de esboços que contribuiu para um design que evoluiu bastante, até o final da organização do set. **CH**

DESIGN DO DISPOSITIVO DE RASTREAMENTO MÁGICO
Quando Newt está tentando rastrear Tina, ele vê uma pena. Em uma versão inicial do roteiro, ele tirava do bolso o dispositivo de rastreamento, sobre o qual a pena começava a girar. Uma agulha no dispositivo localiza-se ao norte, como uma bússola, ao mesmo tempo em que a outra aponta para a pena enquanto gira, diminuindo aos poucos até parar, apontando na direção em que deve começar a rastrear. **MS**

CIRCO ARCANUS / PP

STORYBOARDS (*da esquerda para a direita*)
Dorrie Young me pediu algumas ideias de transição interessantes para os momentos do filme. A ideia aqui era a tomada de uma rua vazia de Paris. A câmera se inclinaria — uma poça nas ruas de paralelepípedos mostraria o reflexo do Circo Arcanus de cabeça para baixo — e então as pernas de Tina entrariam na tela e pisariam na poça. A câmera, então, giraria 180 graus para mostrar Tina se afastando da câmera no reflexo da poça; depois seguiria a personagem enquanto as ondulações na poça desapareceriam, revelando Tina caminhando em direção ao agora totalmente revelado Circo Arcanus. **GA**

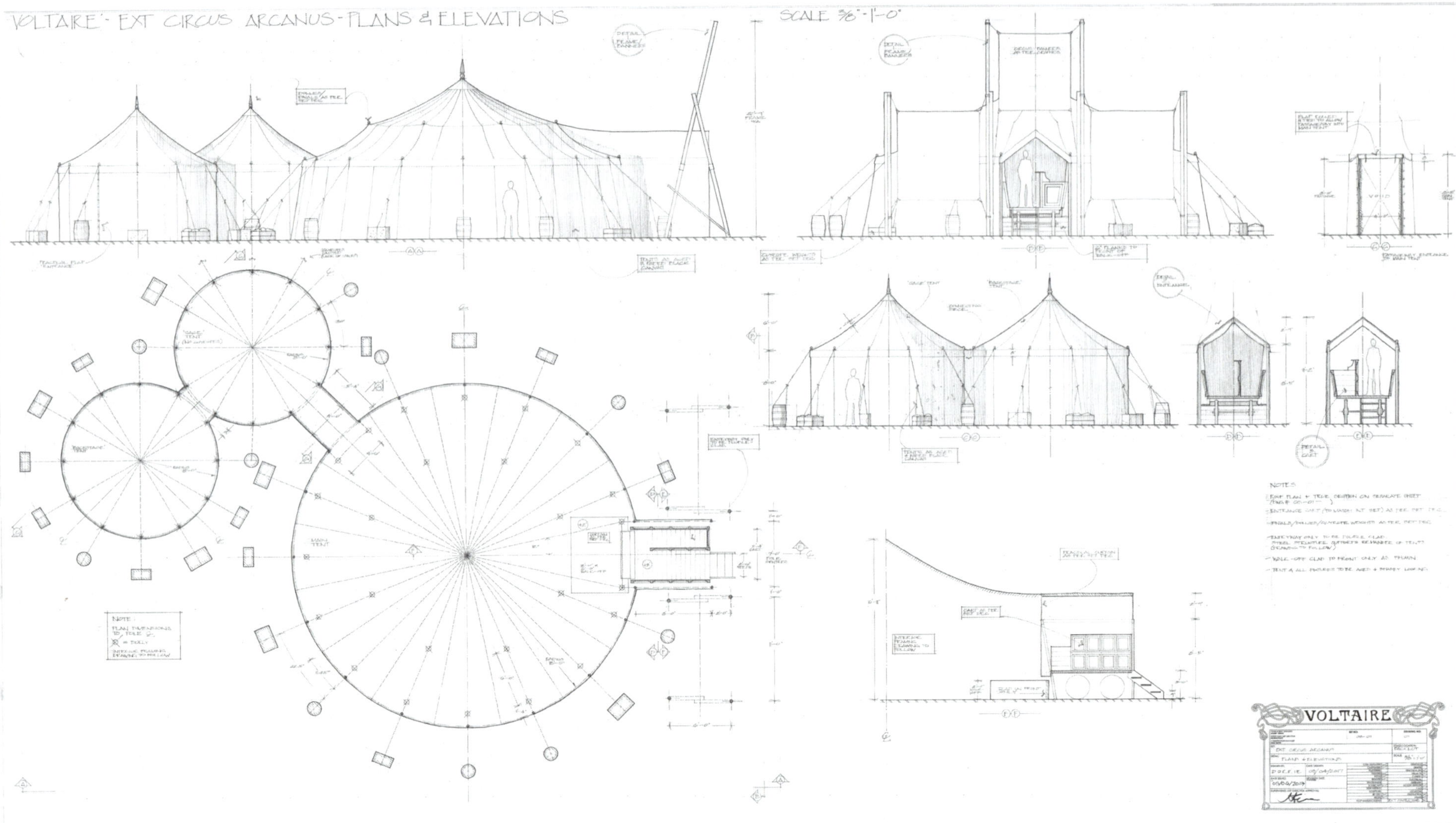

PLANOS DO CIRCO ARCANUS

Stuart queria que a tenda do circo parecesse muito claustrofóbica e um pouco sinistra. Para alcançar os detalhes certos, fizemos referência a circos vitorianos e shows de horrores.

Criamos duas tendas, uma para o exterior (mostrada neste desenho), que foi montada na nossa rua principal, nos fundos do estúdio em Leavesden, e uma totalmente separada para o interior, que foi montada no estúdio. A tenda interna era um pouco maior que a tenda externa, facilitando o trabalho da equipe de filmagem para fazer os planos de que o filme precisava.

A equipe de adereços também fez uma versão requintada da tenda para ser usada na cena em que o circo é encolhido e guardado. **DY**

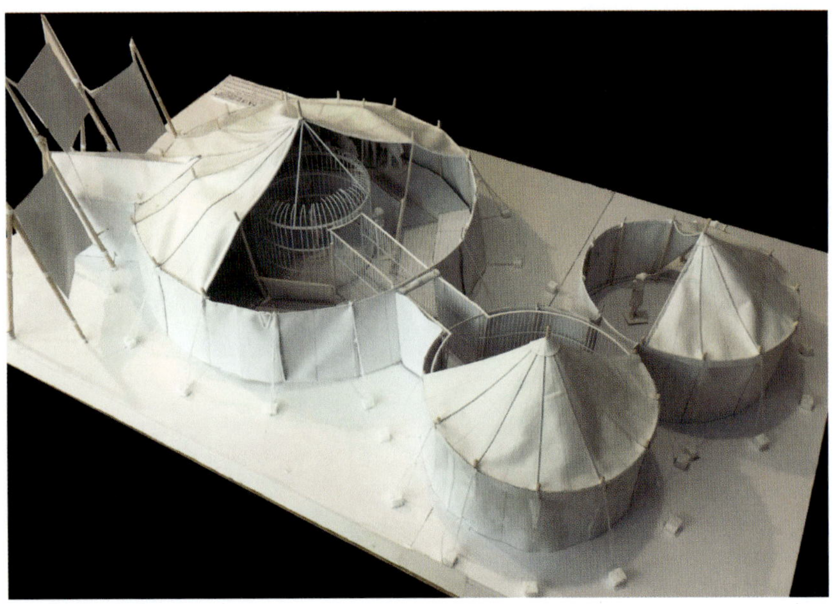

MODELO DO CIRCO ARCANUS / AD

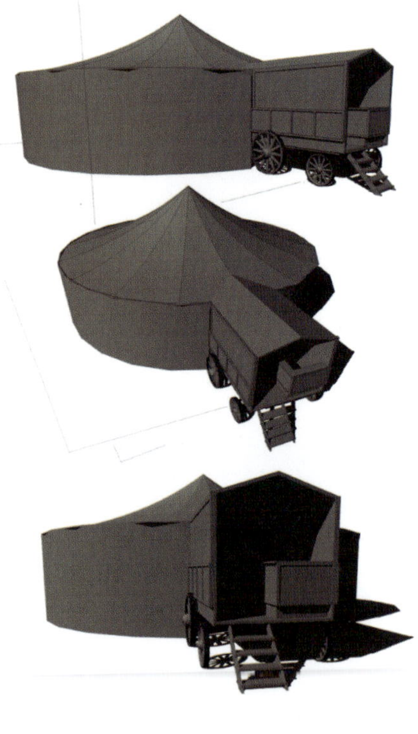

DESIGN DO CIRCO ARCANUS / PP

MODELO DO CIRCO ARCANUS / AD

THE DEVIL CHILD
The Greatest Freak of Nature ever placed on exhibition.
PIT OF CURIOSITIES
The Tattooed Lady
Conjoined Twins!

'Essa foi minha primeira ilustração do Circo Arcanus, que retrata a sensação sinistra que tive depois de ler o roteiro pela primeira vez.'

• CIRCO ARCANUS / PP •

O PASSEIO NO ARPÉU
Esses projetos para o passeio no arpéu foram inspirados no *howdah*, o assento com dossel usado na Ásia e encaixado no lombo de elefantes. **EK**

DESIGNS DA CESTA DO CIRCO
O circo todo se desdobra a partir da cesta. **EK**

CARRINHOS DO CIRCO
Modelos em 3D de algumas entre os inúmeros carrinhos de circo, baseadas em desenhos da equipe de cenografia. Mais tarde, eu usaria esses modelos para minhas pinturas do Circo Arcanus. **EK**

SKENDER
A fim de exibir com sucesso o visual de Skender, Colleen fez referência ao traje de mestre de circo tradicional e forneceu algumas amostras de tecido para as calças com padrão de diamante e veludo para o fraque. Meu trabalho era adotar uma pose desenhada para capturar melhor o físico do ator, adicionando adereços potencialmente associados a ele. **DW**

A TENDA DO CIRCO DE SKENDER ENCOLHE
O topo do Arcanus é encolhido por Skender, quando a destruição acomete o circo. Pensamos que deveria encolher, mas permanecer fiel à sua forma, Stuart pediu que os postes se recolhessem separadamente em sua mão, enquanto o pano se dobrava para ser guardado no bolso do bruxo. **MS**

A CHARRETE E O BAÚ DO CIRCO
Neste projeto, ele deve se parecer muito com uma charrete comum. No entanto, não há nada de comum no conteúdo do baú, que guarda a tenda de circo, grandes e pequenas criaturas e todo tipo de parafernália mágica circense. **EK**

O ONI E O KAPPA

Usando o design do oni feito por Ben Kovar, criei digitalmente um oni e o coloquei junto ao kappa em uma pequena tenda lateral. Stuart queria ter uma noção dos tamanhos relativos necessários para as criaturas se sentirem apertadas dentro do espaço. **PC**

O ONI

Este é um dos meus primeiros desenhos para o oni. O primeiro foi baseado em uma enorme estátua budista esculpida em rocha. Adicionei a pintura do corpo mais tarde, depois de ver fotografias de elefantes indianos pintados. Gostei da ideia de que o oni era um gigante gentil que acabava sendo pintado por crianças. **BK**

CONCEITO DO KAPPA / AB

ESBOÇO DO KAPPA
Este esboço foi minha própria visão do que seria o kappa. **RB**

DESIGN DO KAPPA
Usando o design de Paul Catling, desenvolvi minhas próprias ideias para sua coloração da criatura. **SM**

DESIGN DO KAPPA
Esta foi uma evolução de um projeto de Adam Brockbank do primeiro filme, mas deixando a estrutura facial mais humanoide. **PC**

UM KAPPA INICIAL
Após projetos 2D serem avaliados como desenhos na direção correta, comecei a trabalhar em uma escultura digital para me ater a mais detalhes em 3D. **PC**

DESIGN DO KAPPA
Este é um projeto que fizemos para o primeiro filme que acabou rejeitado, mas recuperou algum interesse em *Animais fantásticos: os crimes de Grindelwald*. As características faciais são muito inspiradas em um predador voraz e assustador. **PC**

O KAPPA DO CIRCO ARCANUS
Como o kappa acabou tendo seu design aprovado, era hora de vê-lo em seu ambiente, mostrando-se furioso para o público do circo. **PC**

O DRAGÃO DE FOGO
Nesta página e na próxima estão vários projetos iniciais do dragão de fogo, nos quais eu estava tentando encontrar uma direção para o visual da criatura da qual todos gostassem.

DESENVOLVIMENTO DO CONCEITO DO DRAGÃO DE FOGO / PC

DESENHO INICIAL DO ZOUWU
Essa foi uma tentativa inicial, que visava transformar os cães de fu, da cultura chinesa, em uma criatura mais crível. **PC**

ESBOÇOS DO ZOUWU
Primeiras ideias para o zouwu, tentando mostrar seu movimento e tamanho. **YJ**

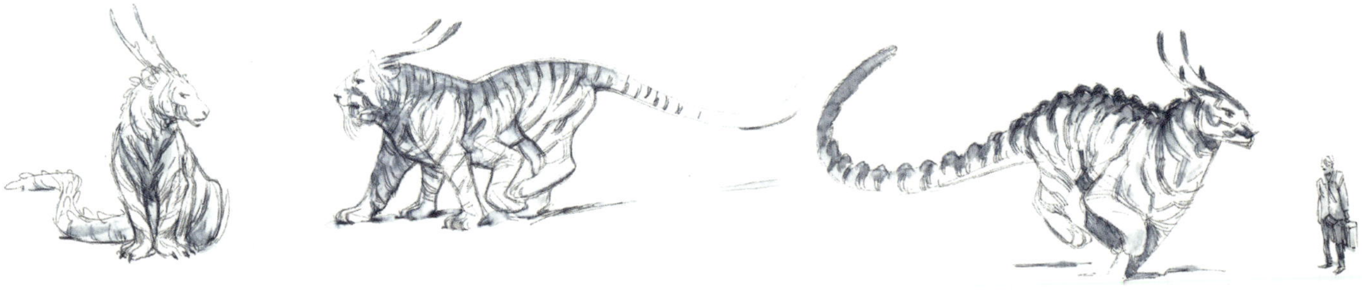

ESBOÇOS DO ZOUWU
Logo no início do processo de criação, enquanto eu tentava pegar o jeito do visual do zouwu, esse grande gato apareceu para mim todas as noites em meus sonhos. **MK**

DESENHO INICIAL DO ZOUWU
Aqui, tentei incorporar algumas características de dragões chineses na aparência da criatura. **JJ**

DESENHO INICIAL DO ZOUWU
Este serve para mostrar a escala de tamanho entre o zouwu e os seres humanos, e tornar a criatura possível de ser montada. **JH**

DESENHO INICIAL DO ZOUWU
Tentei transmitir o senso de escala entre o zouwu e os seres humanos e explorar o aspecto felino da criatura. **JH**

O ZOUWU / ABR

DESENHO INICIAL DO ZOUWU
Como personagem, o zouwu precisava parecer orgulhoso, poderoso e formidável. Os dentes retráteis que introduzi aqui continuaram até o design final. **SR**

DESENHO INICIAL DO ZOUWU
Neste esboço, estava explorando como o zouwu seria se fosse uma combinação de dragão, cavalo, leão e veado. **JG**

DESENHOS INICIAIS DO ZOUWU
Nesses primeiros esboços, fui inspirado pelas máscaras japonesas de Kabuki, e a nota dizia que a besta tinha que ser ágil o suficiente para escalar, pular e correr. **JG**

◀ **O ZOUWU / RB**

▼ **CONCEITO DO ZOUWU**
Este foi meu último desenho de um zouwu; quando tive algum tempo livre, decidi fazer essa versão alternativa para dar ao personagem uma nova visão. **MK**

O DESIGN DO ZOUWU / RB

GAIOLA DO ZOUWU
Um 3D das bolas de chumbo e sinos que acompanham o zouwu em seu cativeiro. Eles deveriam parecer decorativos para disfarçar a cruel função de tirar o poder mágico da juba do zouwu. **RB**

ZOUWU EM CATIVEIRO
Neste desenho do zouwu preso pelo pescoço, queria que ele parecesse triste e privado de seus poderes. **RB**

O ZOUWU
Este projeto mostra como o zouwu pode ser em seu estado natural depois de se libertar do colar usado em cativeiro. Esta foi a fase do processo de criação do design, quando a juba de tentáculos se tornou uma juba de pelos. **RB**

CONCEITO DO ZOUWU
Depois de produzir muitas versões semelhantes a um tigre, os supervisores de efeitos visuais Tim Burke e Christian Manz me pediram para focar em capturar uma sensação oriental na besta. Para este projeto, busquei me inspirar em estátuas chinesas de cães de guarda. **SR**

‘Esta imagem mostra o zouwu preso em sua gaiola, triste e assustado. Você pode ver que os tentáculos de sua juba estão escorregadios no corpo da criatura. Quando o temperamento do zouwu se inflama, o mesmo acontece com a juba, mas nesse caso estão moles, refletindo seu desespero.’

• O ZOUWU / SR •

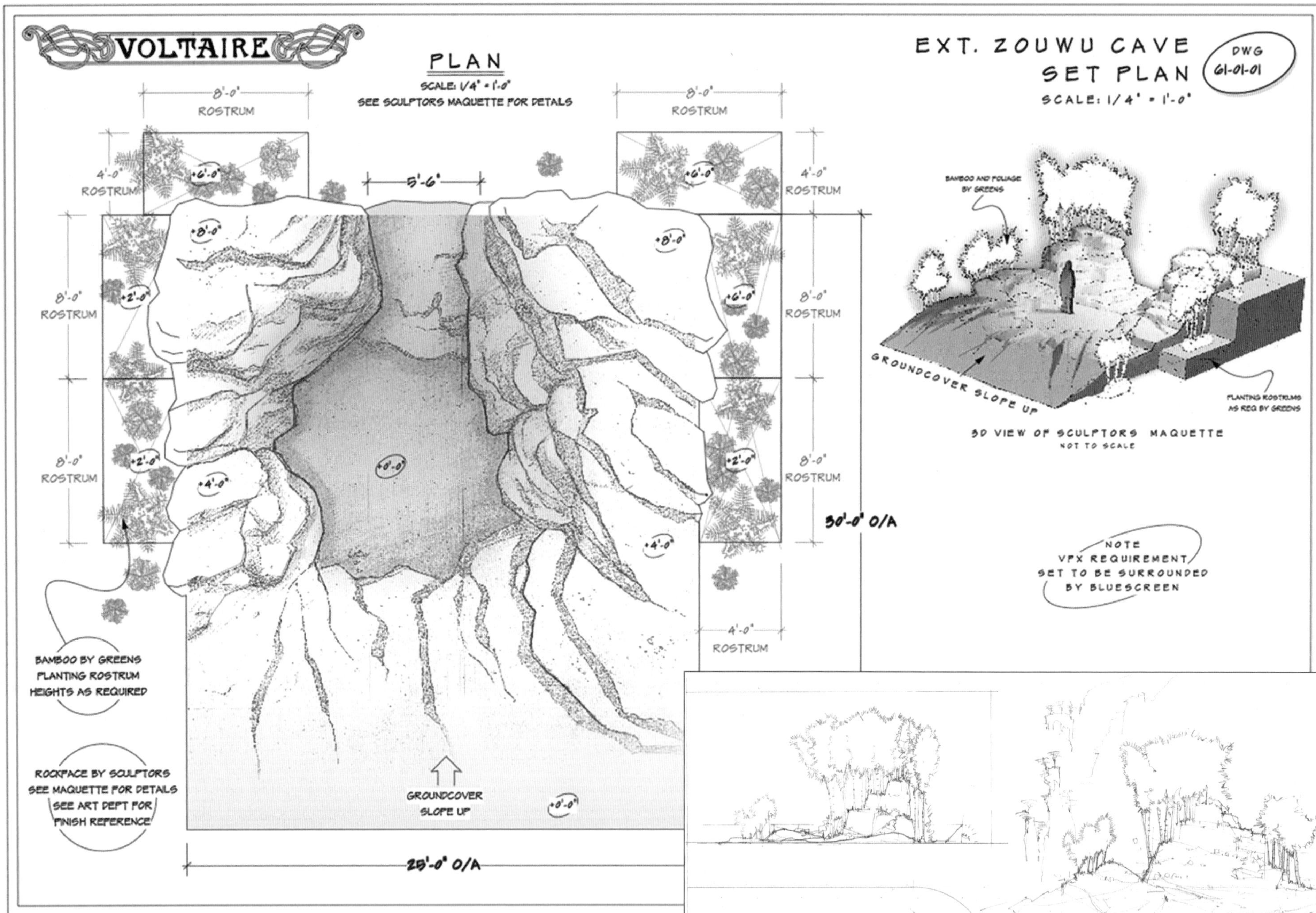

PLANO PARA A CAVERNA DO ZOUWU / TD

ESBOÇO DA CAVERNA DO ZOUWU
Esse esboço foi o ponto de partida para a produção de um set, pensando na fotografia principal de *Animais fantásticos: os crimes de Grindelwald*. Um ambiente dentro da maleta de Newt, adequado para acomodar o mítico zouwu. Esse ambiente era baseado em regiões montanhosas da China, densamente arborizadas e cheias de bambus, com seus topos impossíveis se erguendo pela floresta. Pouco mais de uma semana depois desse esboço inicial, estávamos filmando no set, em uma floresta cheia de bambus. **CH**

CLOSE NO ZOUWU / PC

O ZOUWU

Alguns dos últimos do processo de criação, esses conceitos, aqui e na página anterior, foram adaptações de um projeto da empresa Framestore; principalmente refinamentos de detalhes como cor, textura da pele e formato dos olhos. **PC**

O MALEDICTUS
Esse desenho foi um teste, para explorar a aparência do maledictus quando preso em uma gaiola do circo, perto da tenda. Depois que completei e renderizei o 3D, adicionei uma pequena neblina no Photoshop. **PC**

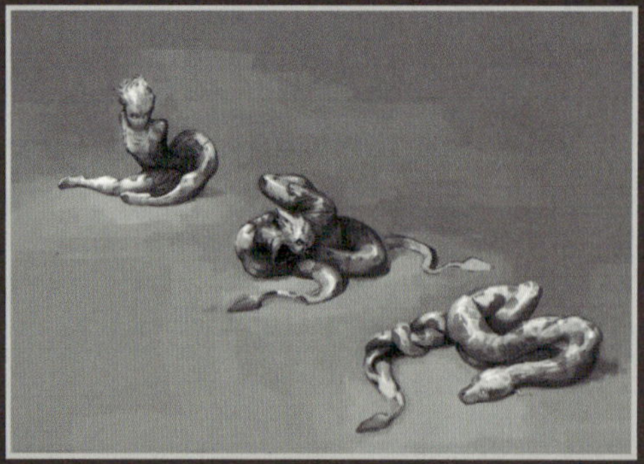

ESBOÇOS DO MALEDICTUS
Esses esboços descrevem como o maledictus se transformaria em uma cobra. A ideia aqui era comparar sua flexibilidade contorcionista com o movimento de enrolamento da cobra. **BK**

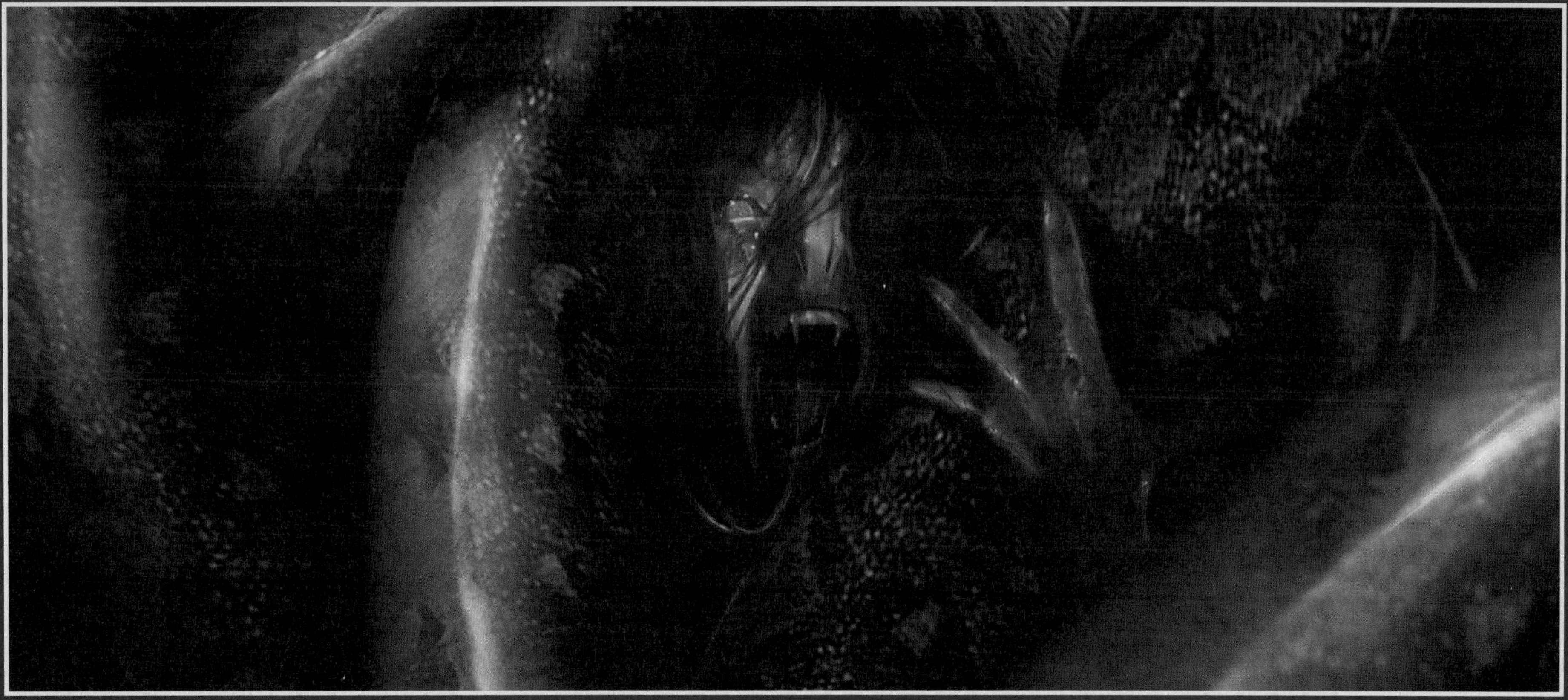

O MALEDICTUS NO MEIO DE SUA TRANSFORMAÇÃO / DB

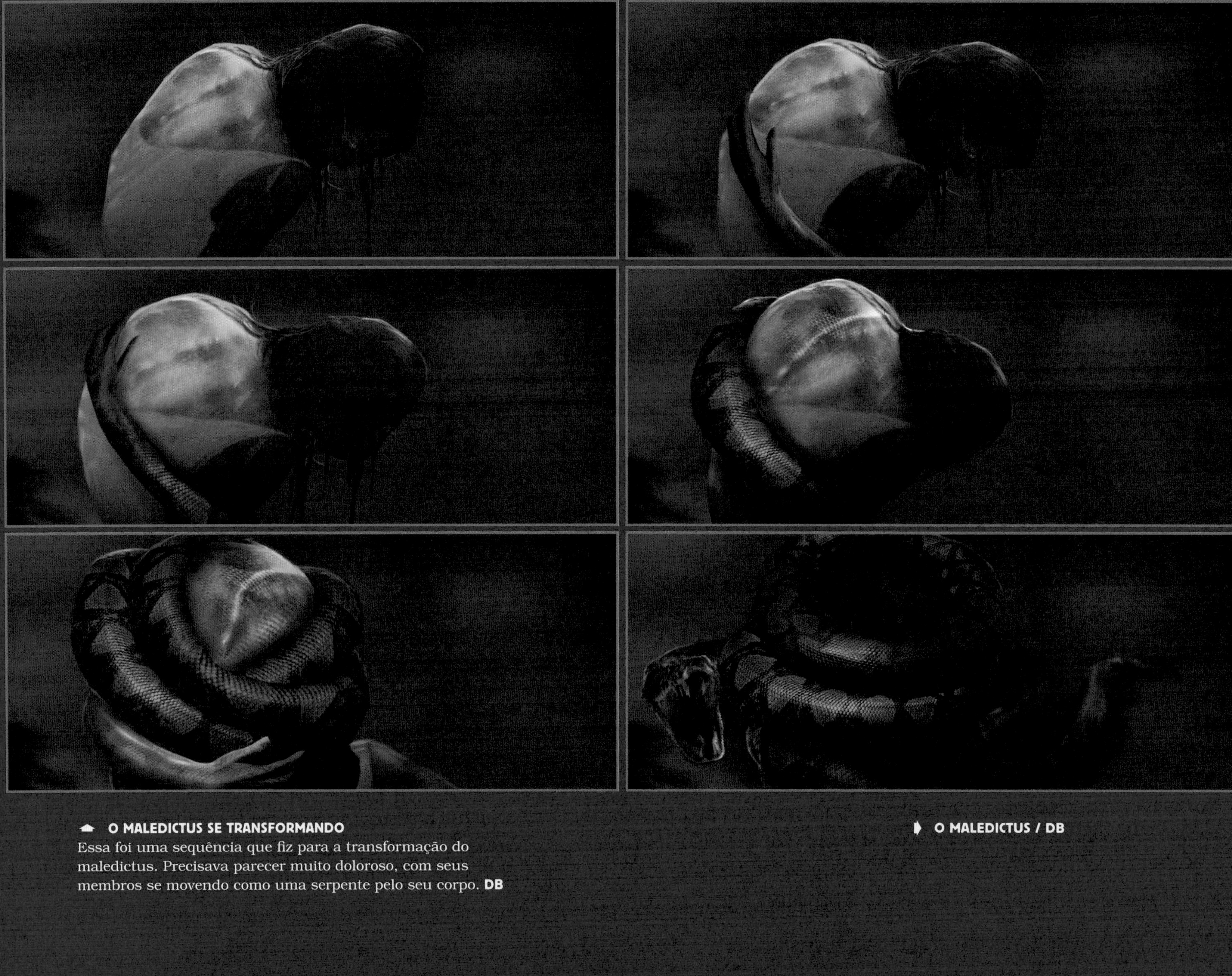

O MALEDICTUS SE TRANSFORMANDO
Essa foi uma sequência que fiz para a transformação do maledictus. Precisava parecer muito doloroso, com seus membros se movendo como uma serpente pelo seu corpo. **DB**

O MALEDICTUS / DB

OS SUBSERES
Um conceito inicial dos subseres do circo. **RB**

OS SUBSERES
Uma ideia bastante inicial dos subseres que faziam parte do Circo Arcanus. **RB**

ESBOÇOS DOS SUBSERES
Este esboço, bastante inicial no processo de criação, então os desenhos eram mais uma brincadeira para pegar o jeito. **RB**

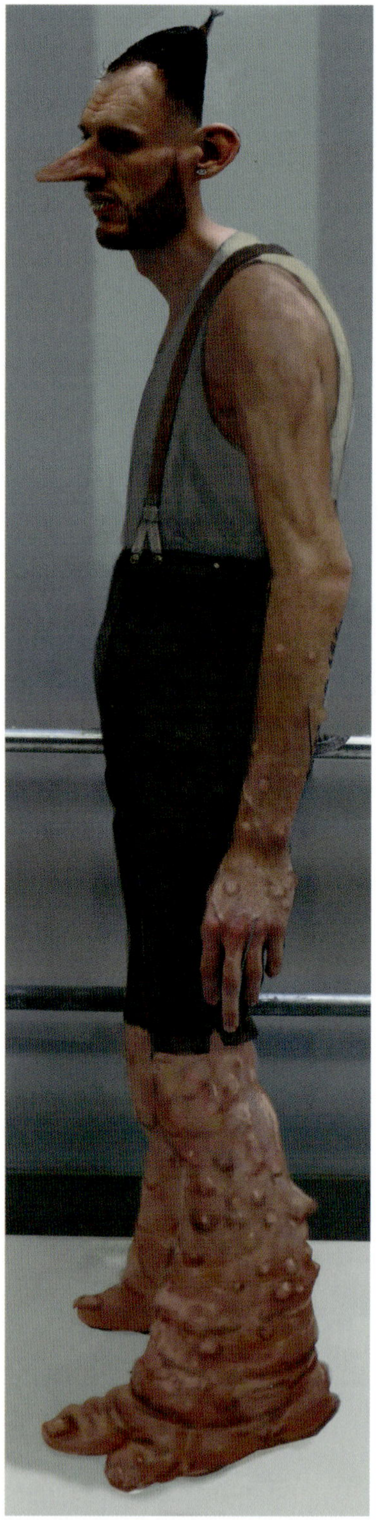

◖ **SUBSER / PC**

◖ **SUBSER**

Um esboço digital para começar a entender como era a aparência de um subser; este desenho foi feito sem aderir à anatomia comum humana. **PC**

CARRO DE PALHAÇO DO CIRCO
A proposta desse conceito era ilustrar um carro de palhaço, mas acabei me empolgando. **PC**

HOMEM DE DUAS CABEÇAS / PC

HOMEM SUPERFORTE DO CIRCO / PC

SUBSERES DO CIRCO
Mais um esboço feito enquanto eu recebia feedback. Eu estava realmente com ideias loucas. **PC**

SUBSER
Acabei indo longe demais com esses conceitos para os subseres. **PC**

A FAMÍLIA DO CIRCO / PC

CONCEITO DE SUBSER
Para este subser, imaginei alguém cujo rosto estaria na barriga. Gostei da ideia de que usaria uma cabeça falsa desajeitada para tentar lidar com os humanos. **BK**

MALABARISTA
Esse conceito digital era de malabarista com malabares insanos que odiavam ser feitos de malabares. **PC**

DETALHES DA CHARRETE DO CIRCO
O departamento de produção de adereços fez alguns acréscimos a uma charrete de verdade. A equipe de efeitos visuais fez fumaça sair da chaminé e a grade foi feita para brilhar em vermelho. Depois de ver uma primeira versão, Stuart solicitou que a chaminé fosse "mais alta e mais resistente". **JR**

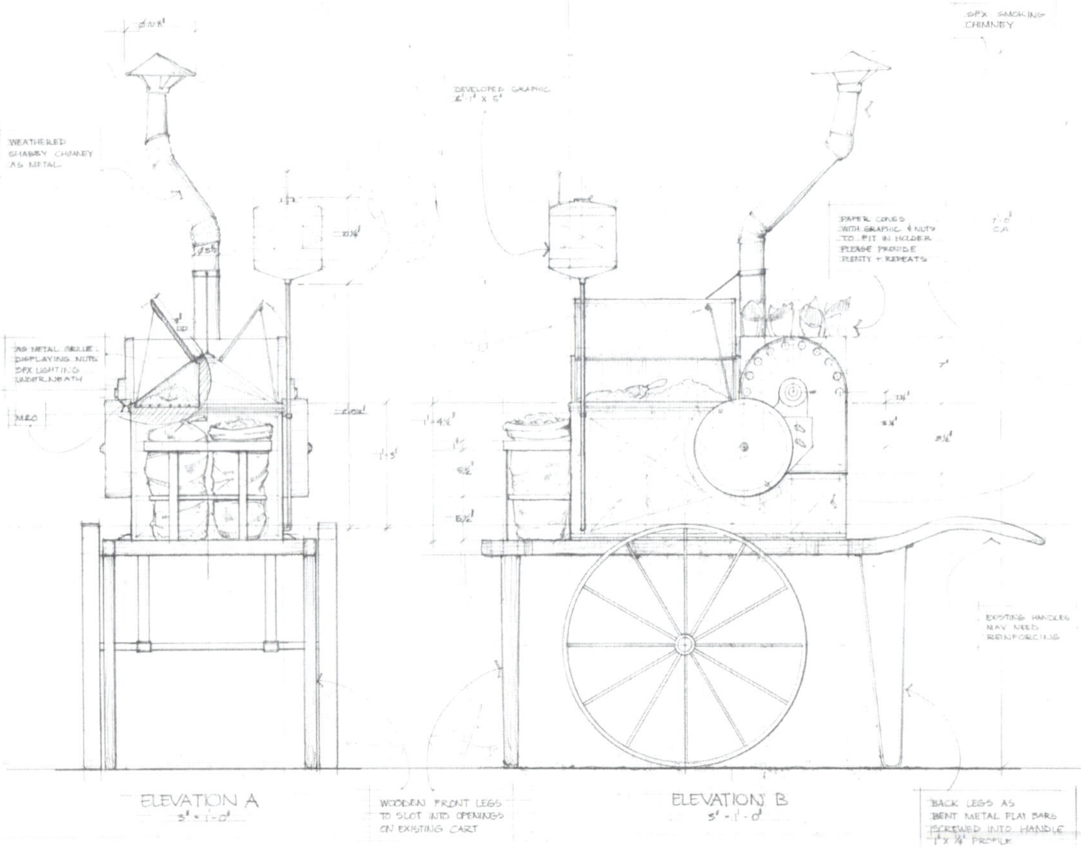

APITOS DE CIRCO
Esses desenhos eram de apitos de animais vendidos nas barracas do lado de fora do Circo Arcanus. A ideia era que, quando você os soprasse, eles transformariam sua cabeça no mesmo animal do apito. **MS**

A MÁQUINA DE ALGODÃO-DOCE
Eu sabia que ela precisaria ser um elemento de fantasia que atraísse compradores bruxos, particularmente crianças, e então pensei: e se o cliente pudesse imaginar uma forma em sua mente e o algodão doce assumisse aquela forma? Este porquinho é o que o meu eu de seis anos teria desejado. **MS**

SUBSER / PC

ESBOÇOS DE SUBSERES
Recebi fotos de um grupo de pessoas de aparência incomum que deveriam interpretar os subseres. O *briefing* dizia que eu precisava alterar digitalmente suas características e proporções para fazê-los parecer de outro mundo. **PC**

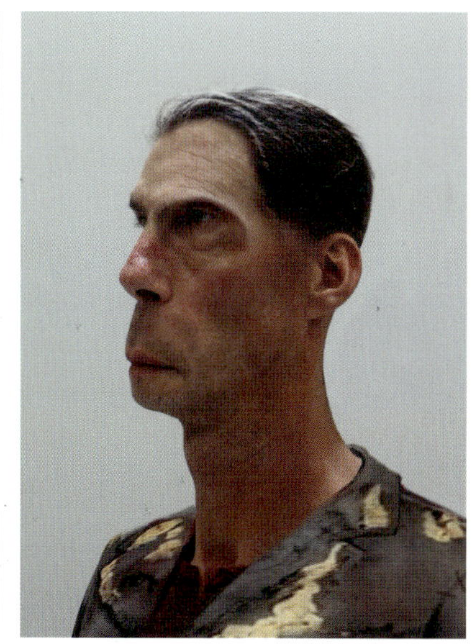

ET FILS
PEINTURE ET VITRERIE
33 RUE RICHER, PARIS
D'OIGNONS
BAR
RESTAURANT
LIQUEURS VINS
CAFÉ

5

PARIS

PAPETERIE
PAPETERIE
PAPETERIE
CAFE
PAPIER · CADEAUX
PRESSE · RELIURE
CARNETS · STYLOS

◀◀ O SET DAS RUAS DE PARIS
A vista dessa imagem fica na direção oposta à da página 134. Aqui, o piso térreo e o primeiro andar do set estavam quase terminados quando tirei a foto. Usei uma combinação de um modelo 3D e fotografias para incrementar a arquitetura e pintei qualquer parte inacabada do set real. **HES**

▶ CREDENCE NA FEIRA DE PÁSSAROS / PP

VISUAL EM 3D DOS DEGRAUS ÀS MARGENS DO RIO SENA / HES

CREDENCE BAREBONE, FIGURINO

A inspiração neste design inicial de Colleen veio de um período particular da história da moda, influenciado pelo estilo incomparável do ilustrador de moda René Gruau, mas com uma abordagem mais contemporânea. Enquanto a aparência do personagem ia se desenvolvendo, seu figurino se ajustava a ela. **CC**

ESBOÇOS DA FEIRA DE PÁSSAROS

Esses esboços rápidos ajudaram a mostrar os principais ângulos necessários para filmar a sequência da feira de pássaros ao lado do Sena e apresentam todos os elementos: o set, a placa e o cenário de primeiro plano. **CH**

DETALHES DA FEIRA DE PÁSSAROS
Tentei esboçar alguns ângulos de câmera diferentes que mostrariam Credence na feira de pássaros, e alguns dos lugares famosos de Paris ao longo do caminho. O Google Earth realmente ajuda ao planejar uma filmagem. **PP**

O SET DA FEIRA DE PÁSSAROS
Aqui a construção de nosso set está a todo vapor, mas um novo ângulo se apresentou depois de uma caminhada no lugar, então esse esboço improvisado ofereceu uma solução para o que poderíamos vislumbrar no segundo plano acima da feira de pássaros. **CH**

DESIGN INICIAL DO CENÁRIO PARA A FEIRA DE PÁSSAROS
Usei a fotografia de uma pequena parte do set como o elemento de primeiro plano para ambos os conceitos da feira de pássaros, ampliando o cenário com fotos que eu havia tirado em Paris. Este foi um ponto de partida para o design e um guia para os efeitos visuais. Quando as cenas foram filmadas, tirei um alambique dos juncos e o pintei para dar uma ideia mais precisa da vista. **HES**

O RIO SENA, EM PARIS

Stuart estava muito interessado em ver o Sena em destaque na nossa versão do final da década de 1920 em Paris. Analisando o curso do rio, temos uma visão tentadora desta espécie de artéria cortando o coração da cidade. O lado esquerdo da imagem mostra a avenida se inclinando para encontrar o rio; o lado direito, com o muro e o primeiro plano removidos, mostra a extensão necessária para o take. **CH**

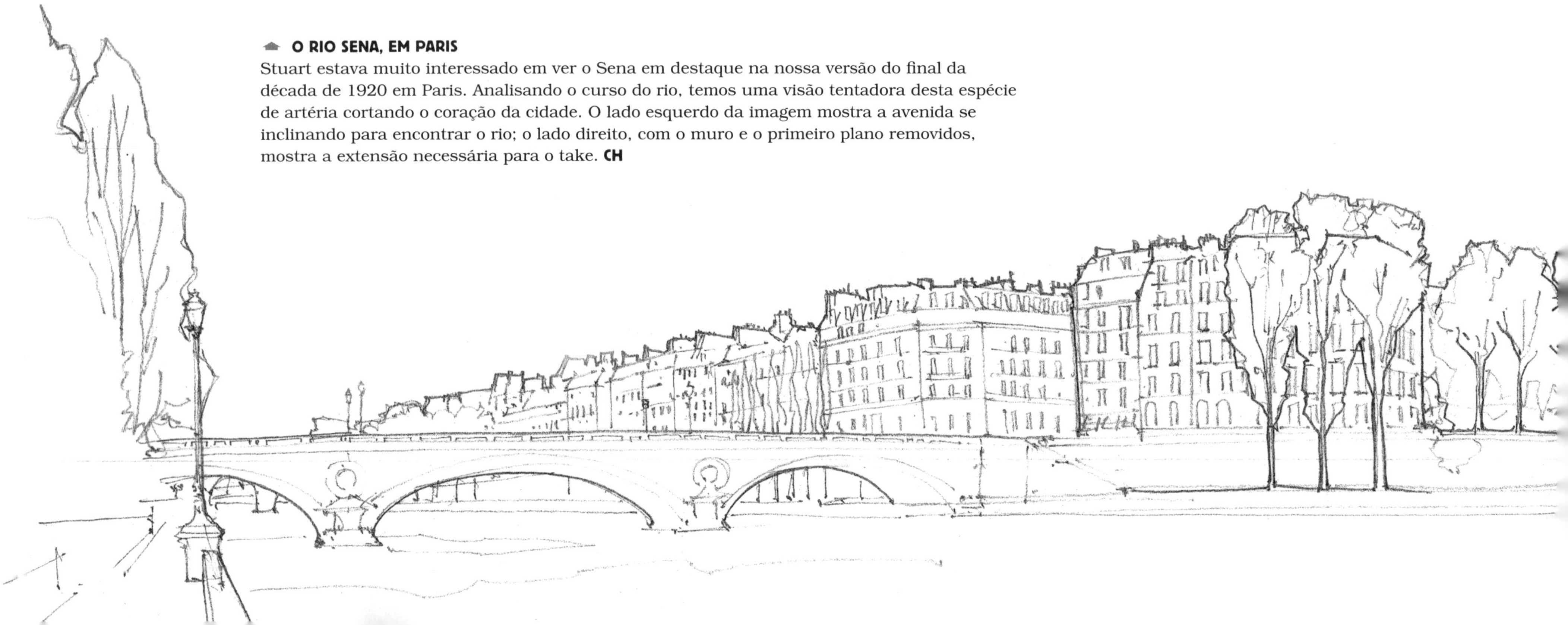

A PAISAGEM PARISIENSE

Este desenho a lápis tornou-se o pano de fundo das cenas da feira de pássaros, às margens do Sena. Mais uma vez, Notre-Dame, um dos locais mais famosos da cidade, pode ser vislumbrada acima dos telhados em frente. Isso determinou a posição da câmera a partir da qual a captura foi feita e exibiu surpreendentemente poucos edifícios modernos, tornando-a perfeita para o nosso ambiente. **CH**

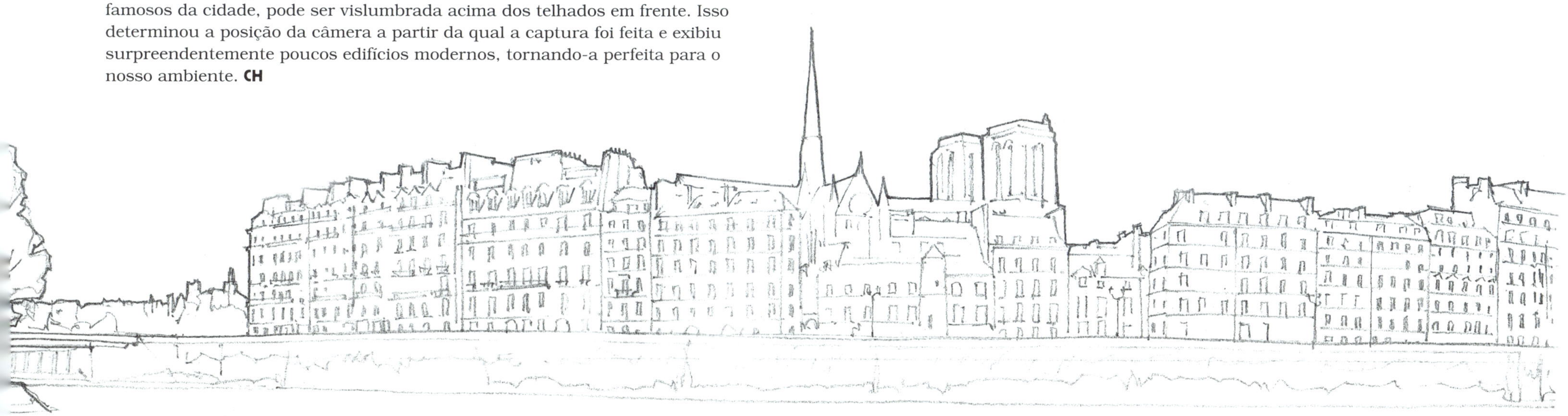

LUTHIER
RESTAURANT

RUA DE PARIS
Essa imagem foi minha interpretação de como o limiar entre o mundo não mágico de Paris e a Place Cachée do mundo bruxo poderia parecer. **RZ**

CONCEITO DE UMA RUA EM PARIS
Este é um conceito inicial que define possíveis extensões em altura e ao longo da rua. Este foi o ponto de partida para ter uma ideia de como os edifícios podem se estender e o que poderíamos ver à distância. **HES**

O VISUAL DA CONFEITARIA
O departamento de decoração pediu um visual da vitrine da loja para ter uma ideia de como as coisas que eles tinham em mente funcionariam em termos de tamanho e volume. Eles explicaram como queriam vários pirulitos juntos, e diversos animais de chocolate, como corujas, para enfeitar as janelas, adornadas com ainda mais confeitos. **MS**

O CARROSSEL DA CONFEITARIA
Projetado para fazer parte de um mostruário na vitrine da loja, o carrossel incluía xícaras de adivinhação, testrálios em vez de cavalos e crianças montando vassouras de chocolate. **MS**

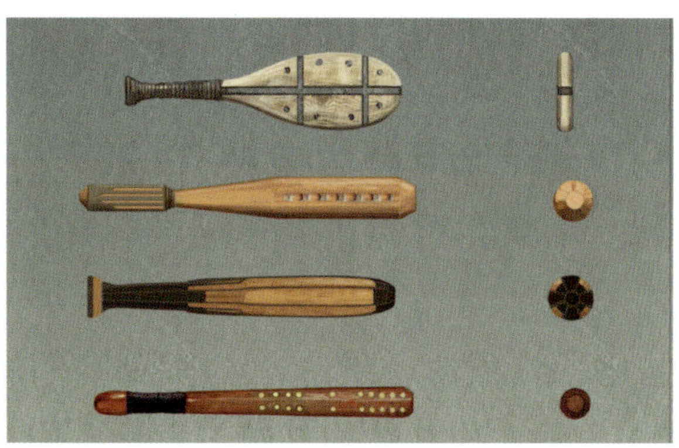

DESIGN DO BASTÃO DE BATEDOR
Nossas ruas parisienses incluíam uma loja de artigos de Quadribol, que, é claro, precisava exibir esses artigos para jovens bruxos e bruxas franceses na vitrine. Esses designs são versões de um equipamento esportivo muito apreciado, que precisavam ser um pouco diferentes daqueles que criamos na série *Harry Potter*, já que é francês e de um período anterior. **MS**

AS RUAS DE PARIS
O estilo arquitetônico da Paris do início do século XX tinha que ser rigorosamente respeitado, mesmo na imagem de fundo mais simples. **CH**

RUA DE PARIS
Depois de vários conceitos prévios, Stuart selecionou uma rua existente da qual ele gostava em Paris. Na verdade, a rua tinha algumas fachadas e recursos de lojas modernas, mas era até mais longa do que precisávamos para que eu pudesse escolher a arquitetura apropriada para usar, e remover construções que não queríamos, para estabelecer um layout de rua editado. Esta imagem foi criada usando uma fotografia do set quase acabado. Você pode ver a diferença no design do cenário físico e a ideia para a rua ampliada do meu conceito anterior. **HES**

OS DEGRAUS DE PARIS
Para a nossa extensão em Paris, inspirada na vista da basílica de Sacre Coeur em Montmartre, Stuart queria continuar os degraus para além do nosso set físico (que incluiria os dois primeiros lances) para cima e ao redor, com a basílica além. Construí um modelo em 3D de degraus contínuos e dos edifícios adjacentes e escolhi uma vista da Sacre Coeur a partir de uma série de fotografias de Paris para usar no fundo. **HES**

OS DEGRAUS DE PARIS
Um esboço sucinto acrescentou clareza ao briefing para o nosso setor de paisagens, que foi capaz de responder com grande habilidade especializada e dar vida a esse cenário. **CH**

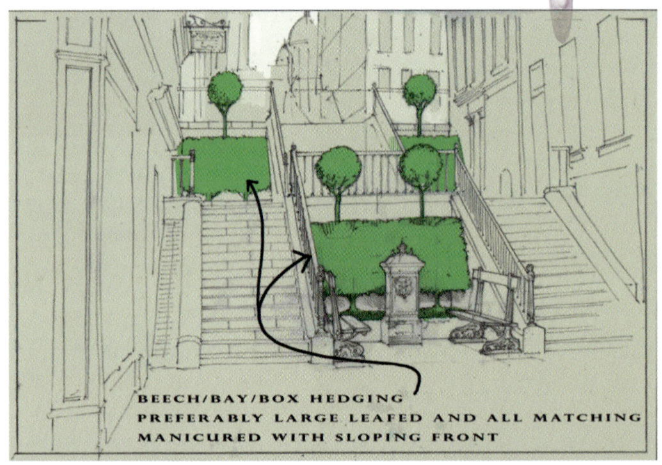

Md DE VINS
VINS
PAYS

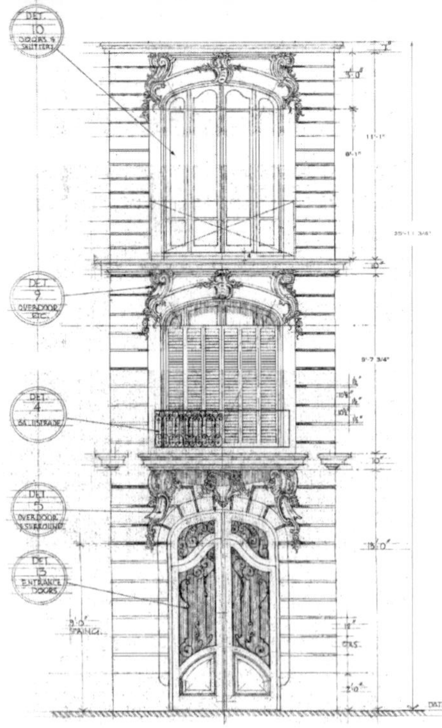

PLANO PARA SET DAS RUAS DE PARIS
Recorrendo de novo à fantástica variedade de material compilada durante a viagem de pesquisa a Paris, esse plano foi inicialmente preparado antes de decidirmos lançá-lo e adicionar algumas variações no térreo para serem usadas na construção de um dos muitos edifícios do set. **LT**

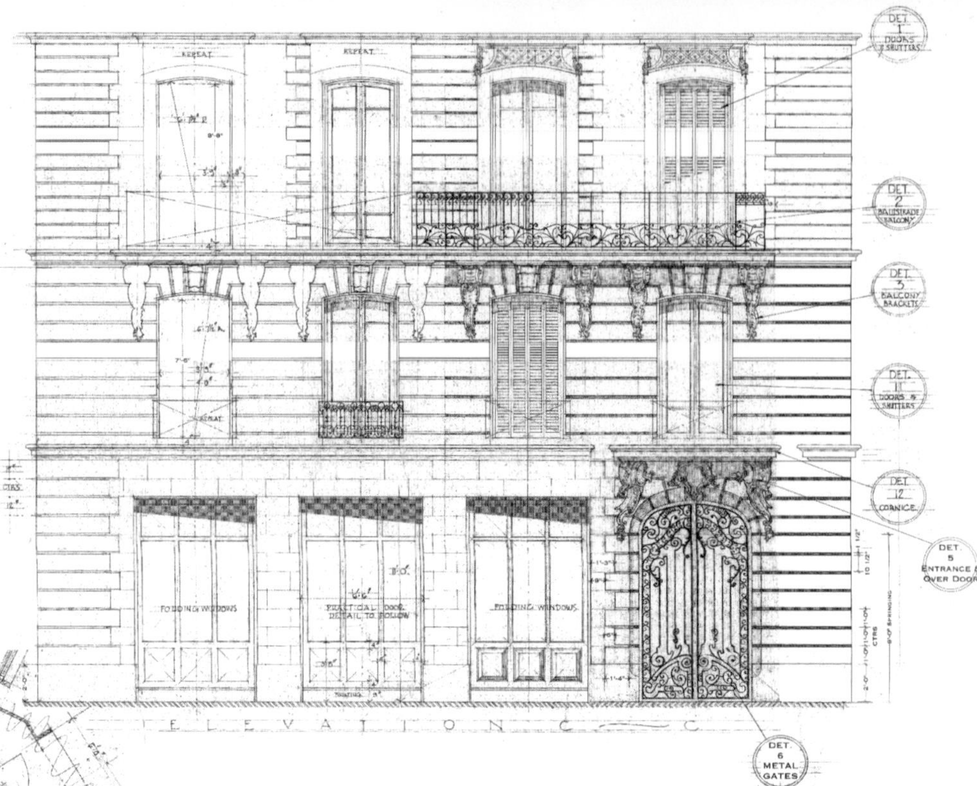

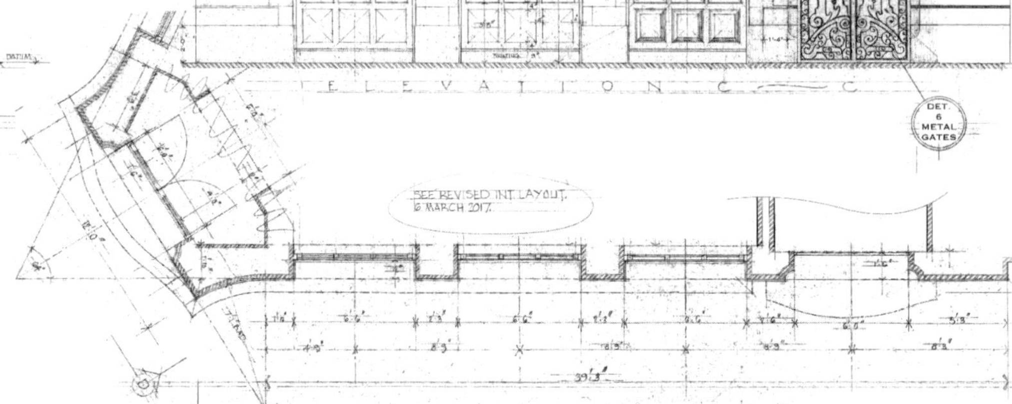

PLAN AT GROUND FLOOR

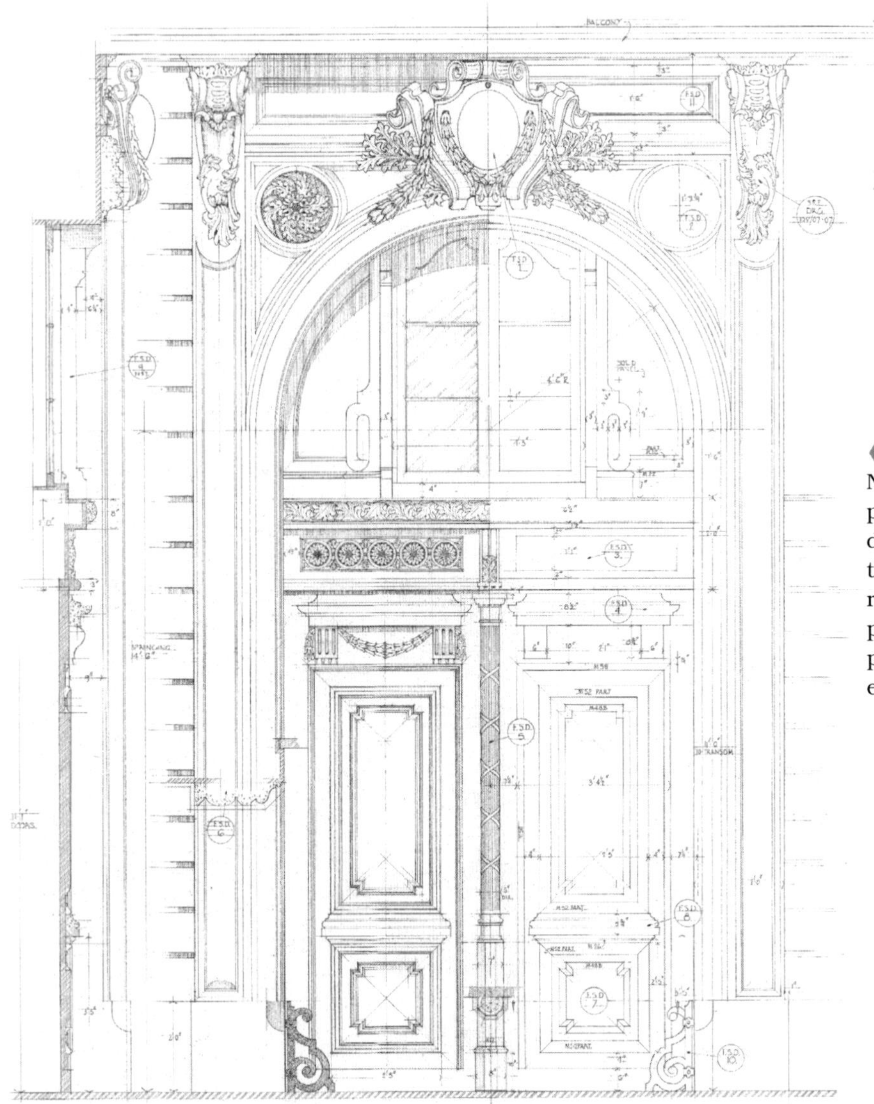

PORTAS DE ENTRADA DO PÁTIO
Na pesquisa por ideias para os nossos prédios, muitas fotos de portas, fachadas de lojas e detalhes arquitetônicos foram tiradas em Paris, para serem usadas como referência. Além desse tesouro de material, projetamos essa entrada, que levava a um pátio no set, como parte de um dos muitos edifícios em nossa versão da cidade. **LT**

SUPORTE DE PORTA DE PARIS
Este desenho de um suporte de porta, que ficava acima das portas de entrada de um dos edifícios, ilustra perfeitamente a quantidade de cuidado e atenção aos detalhes até nas menores características do enorme set de Paris. **LT**

CONCEITO DE RUA EM PARIS
Este é um conceito inicial que pintei como uma ideia para as extensões de rua que, em seu centro, apresentavam uma pensão. Inseri a rua usando um modelo 3D que construí com base nos desenhos da construção do set proposto, e então ampliei a arquitetura para criar edifícios inteiros. Usei fotos para criar as vistas distantes de Fontaine Molière e as casas no topo da rua lateral. **HES**

CONCEITO DE RUA EM PARIS
Esta imagem transmite claramente não apenas o set como aparecerá nas filmagens, mas também sua extensão, a ser preenchida pelos efeitos visuais. Aqui, a fonte e sua interseção podem ser vistas em segundo plano, enquanto uma versão das ruas ao redor do Panteão nos leva a olhar para a direita. Nesses projetos, cada edifício precisa ter seus andares superiores projetados e desenvolvidos para que possam ser utilizados, se for solicitado. **LT**

RUA DE PARIS
Trabalhei a partir de desenhos da construção do set proposto para criar um modelo 3D; em seguida, fiz uma combinação de fotografias e referências históricas para criar os edifícios mais além. O set não tinha sido criado quando fiz esta imagem e, de fato, seu design e tamanho mudaram um pouco depois dessa ideia. Continuei a pintar várias versões dessas duas ruas e finalmente consegui fotografar um set quase acabado e ampliei sua arquitetura a partir dele. **HES**

Cafe

EXTENSÃO DE SET PARA PRAÇA EM PARIS
Stuart havia pesquisado um local em Paris no início do projeto para essa rua. Voltei e fotografei a praça e todas as ruas adjacentes; a arquitetura geral era boa, mas precisávamos substituir todas as lojas modernas no térreo e as janelas contemporâneas, além de outros acessórios. Quando comecei a trabalhar nesta peça, estávamos planejando apenas construir o centro da praça, em um set prático, mas, à medida que os planos evoluíram, pudemos construir algumas das fachadas de lojas também. **HES**

ESBOÇO DA PRAÇA EM PARIS

Nesse esboço, precisávamos de uma solução para ajudar a ocultar a casa de Nicolau Flamel, um prédio com destaque em outros lugares de nossa história, para que ela não fosse vista no fundo de uma cena que deveria acontecer em outro lugar da cidade. Devido a restrições no espaço disponível em nosso estúdio, muitas vezes é necessário construir sets diferentes nas proximidades. O escoramento, aparentemente apoiando um edifício condenado, na verdade camufla a fachada muito reconhecível da casa de Flamel, e teve que ser instalado em um dia de filmagens, antes do início das filmagens no dia seguinte. **CH**

MODELO DA PRAÇA EM PARIS / AD

EXTENSÃO DE SET DE RUA EM PARIS
Fotografei o set dos fundos do estúdio e usei uma combinação de modelos 3D, fotografias e pintura à mão para fazer a rua crescer e ganhar altura. Stuart queria uma ponte de sustentação para continuar o caminho, então usei referências históricas e fotografias de uma ponte existente em Paris para criar isso em 3D. O prédio além da ponte de elevação teve várias versões. No fim das contas, Stuart escolheu uma inspirada em um dos edifícios da Universidade Paris Descartes. **HES**

EXTENSÃO DE SET DE RUA EM PARIS Para este conceito fotografei o conjunto (quase) construído nos fundos do estúdio e inseri o topo dos edifícios usando um modelo 3D. Os andares superiores e os telhados foram criados a partir de uma combinação de referências de fotos em 3D de prédios em Paris. **HES**

EXTENSÃO DE SET DE RUA EM PARIS Nesta sequência, a primeira imagem mostra o set que seria construído na parte de trás do estúdio e a extensão digital que os efeitos visuais precisariam criar (em verde). Para todas as extensões de rua, usei um conceito finalizado e também uma dessas imagens mostrando a área de efeitos visuais em verde para que pudessem ser inseridos. **HES**

O EXTERIOR DO APARTAMENTO DE IRMA
Credence e o maledictus se aproximam do apartamento de Irma, atravessando um pátio. Para esse local, Stuart buscou referências em fotografias históricas de pátios parisienses. **EK**

O EXTERIOR DO APARTAMENTO DE IRMA
Nesta vista aérea do pátio, Credence e o maledictus se dirigem para a escada em espiral, que os levará até o aposento no sótão de Irma. **EK**

O EXTERIOR DO APARTAMENTO DE IRMA
Para este conceito, fui ao Ópera Garnier em Paris e fotografei as ruas vizinhas a partir da varanda, usei isso como referência para os edifícios que vemos atrás do apartamento. Usando uma foto do estúdio como ponto de partida, construí a rua em 3D e projetei fotografias por cima, depois terminei a pintura à mão. Para a extensão em efeitos visuais do exterior do apartamento de Irma (o teto e os andares inferiores), usei um prédio que havíamos encontrado e fotografado em uma viagem de pesquisa que fizemos antes. **HES**

REFERÊNCIA DE RUA EM PARIS
Este é um quadro original que extraímos, mostrando a tela verde que eventualmente seria preenchida por efeitos visuais. **HES**

CONCEITO DE RUA EM PARIS
Esse é o conceito que produzi, pintando sobre a tela verde para mostrar aos efeitos visuais a rua que eles deveriam adicionar à cena. Usei arquitetura real de uma rua de Paris, mas excluí todas as coisas modernas. **HES**

▲ A PONTE SOBRE O RIO SENA
Para esse conceito, imaginei uma cena em que Newt teria que enfrentar uma criatura ao deixar o esconderijo de Kama, e acrescentei uma explosão para adicionar drama. Embora isso nunca estivesse na versão final do filme, Newt acabaria encontrando o zouwu em um local similar. **EK**

▶ O RIO SENA
Newt rastreia Tina até as margens do Sena. Em segundo plano, vemos a nossa versão da catedral de Notre-Dame. Para esta imagem, pesquisei fotografias antigas do Port de la Tournelle. Nelas havia guindastes a vapor no aterro e muitas embarcações grandes que se adequavam à nossa Paris de 1927. **EK**

ESBOÇO DA EXTENSÃO DE SET DA FONTE

A ideia para esta extensão de set começou como um simples esboço usando como inspiração a fonte Saint-Michel, e teria se tornado o pano de fundo principal para nossas cenas do Circo Arcanus. Mas nosso diretor de fotografia, Phillipe Rousselot, avisou que isso poderia ser muito facilmente reconhecido pela maioria dos parisienses, então nossa fonte se tornou a mais modesta fonte Molière. **CH**

CONCEITO DE RUA EM PARIS

Inspirado por uma vista da praça Saint-Michel, neste conceito, a fonte do lado oposto é ladeada por dois belos grifos e realmente fazem deste ângulo o cenário perfeito para o nosso filme. As primeiras versões das bandeiras de Grindelwald já podem ser vistas penduradas nos peitoris da janela. **PP**

GRAND
LARGE
14
250

SPECTACLES

CONCEITO DE RUA EM PARIS
Esta é outra versão da vista inspirada na praça Saint-Michel, em Paris, mas neste conceito ampliei a invasão das bandeiras de Grindelwald, colocando-os sobre a maioria dos prédios. Consequentemente, tudo é muito mais escuro nesta versão, já que o preto drenou toda a luz do dia. **PP**

A PARIS DE GRINDELWALD
Realmente gostei da ideia de J.K. Rowling, de usar faixas pretas para encobrir toda Paris, pois funcionava tão bem quanto uma metáfora para o espírito obscuro de Grindelwald, eclipsando o mundo bruxo. Nesse conceito, imaginei as bandeiras surgindo como tornados para escurecer a cidade. **PP**

6 ESCONDERIJOS PARISIENSES

EXTERIOR DO ESCONDERIJO NO TELHADO
A chuva definitivamente traz mais drama, como podemos ver nesta arte conceitual do esconderijo de Credence no telhado; mas nem sempre é prático filmar em uma caixa de Chroma Key. **PP**

SEQUÊNCIA DO ESCONDERIJO NO TELHADO
Esta é uma das várias vistas que tentamos para a sequência do esconderijo no telhado. Mais tarde, sentimos que a Torre Eiffel seria muito proeminente nessa cena e escolhemos uma versão muito mais simples, fiel ao lema: menos é mais. **PP**

EXTERIOR DO ESCONDERIJO NO TELHADO
Esta é outra captura que pintei para a sequência do telhado. Outros apresentavam a Torre Eiffel — ou partes dela — mais proeminente e muito mais próxima da câmera. Nós até tentamos manter aquilo com várias condições climáticas. **PP**

EXTERIOR DO ESCONDERIJO NO TELHADO
Aqui estão dois ângulos diferentes para explicar mais completamente a geometria da construção do set. **PP**

PARIS VISTA DO ESCONDERIJO NO TELHADO

Para esta foto da vista do esconderijo de Credence no telhado, fomos a Paris para ver locais em potencial. Um deles (o teto de um estacionamento) tinha todos os elementos que estávamos procurando, mas precisávamos de um pouco de trabalho para fazer tudo se encaixar. Tirei muitas fotos de referência e criei um conceito para Stuart usando a arquitetura real que poderíamos ver. Peguei o teto abobadado de uma igreja a partir de uma vista próxima e levei até o centro da imagem para substituir uma torre muito moderna que não queríamos ver (mas tinha de ser algo que também bloqueasse o sol nascente). Trabalhei em todos os edifícios para torná-los sujos, mais autênticos nos anos 1920. Adicionei muita fumaça e neblina, e usei um modelo 3D para a chaminé em primeiro plano, para ilustrar o que veríamos no set real. **HES**

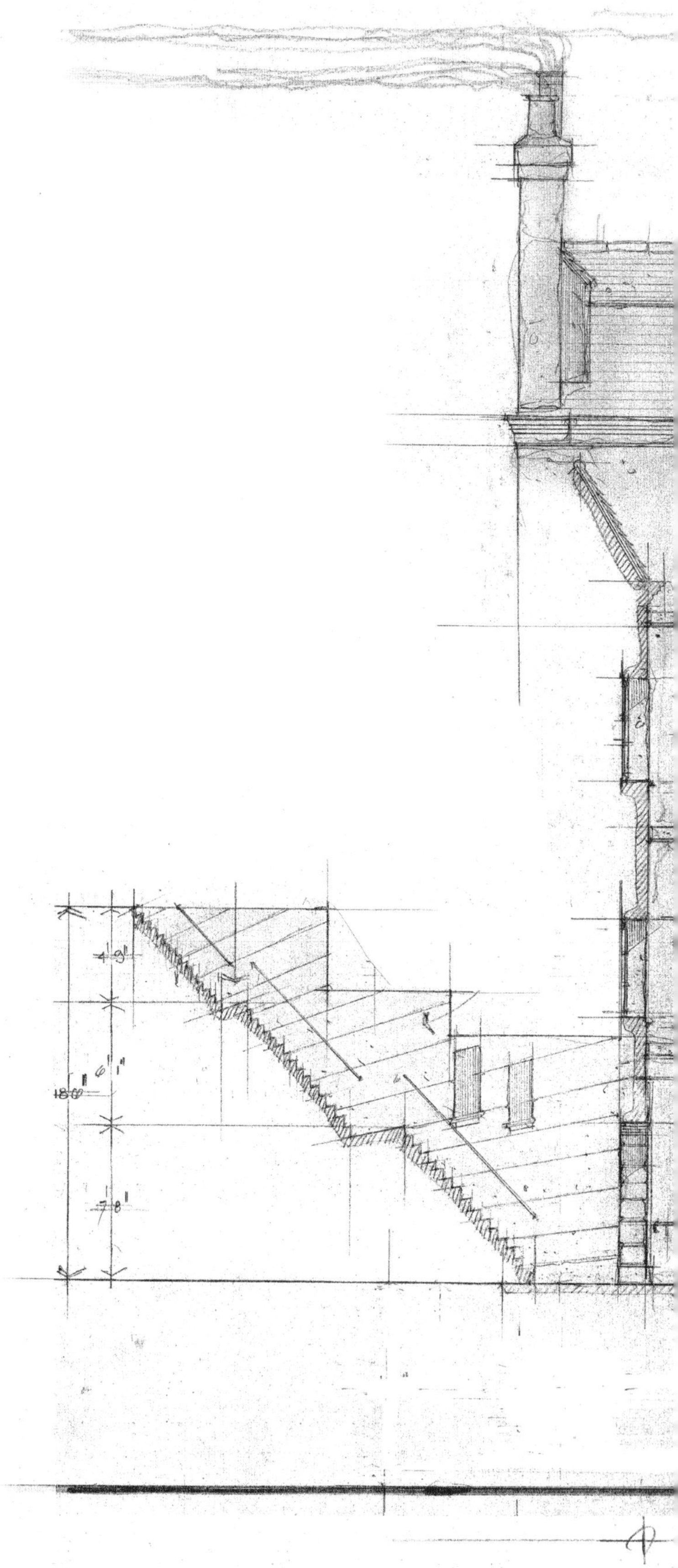

A VISTA DA CASA DE FLAMEL

Stuart tinha visto essa igreja em um reconhecimento inicial a Paris e estava planejando construí-la (pelo menos em parte) nos fundos do estúdio. No entanto, os planos mudaram e a extensão dessa vista da rua onde fica a casa de Flamel se tornou digital; assim, usei as fotografias originais de Stuart para criar um guia para os efeitos visuais. Foi necessário um pouco de trabalho de pintura, mas é fiel ao edifício real. **HES**

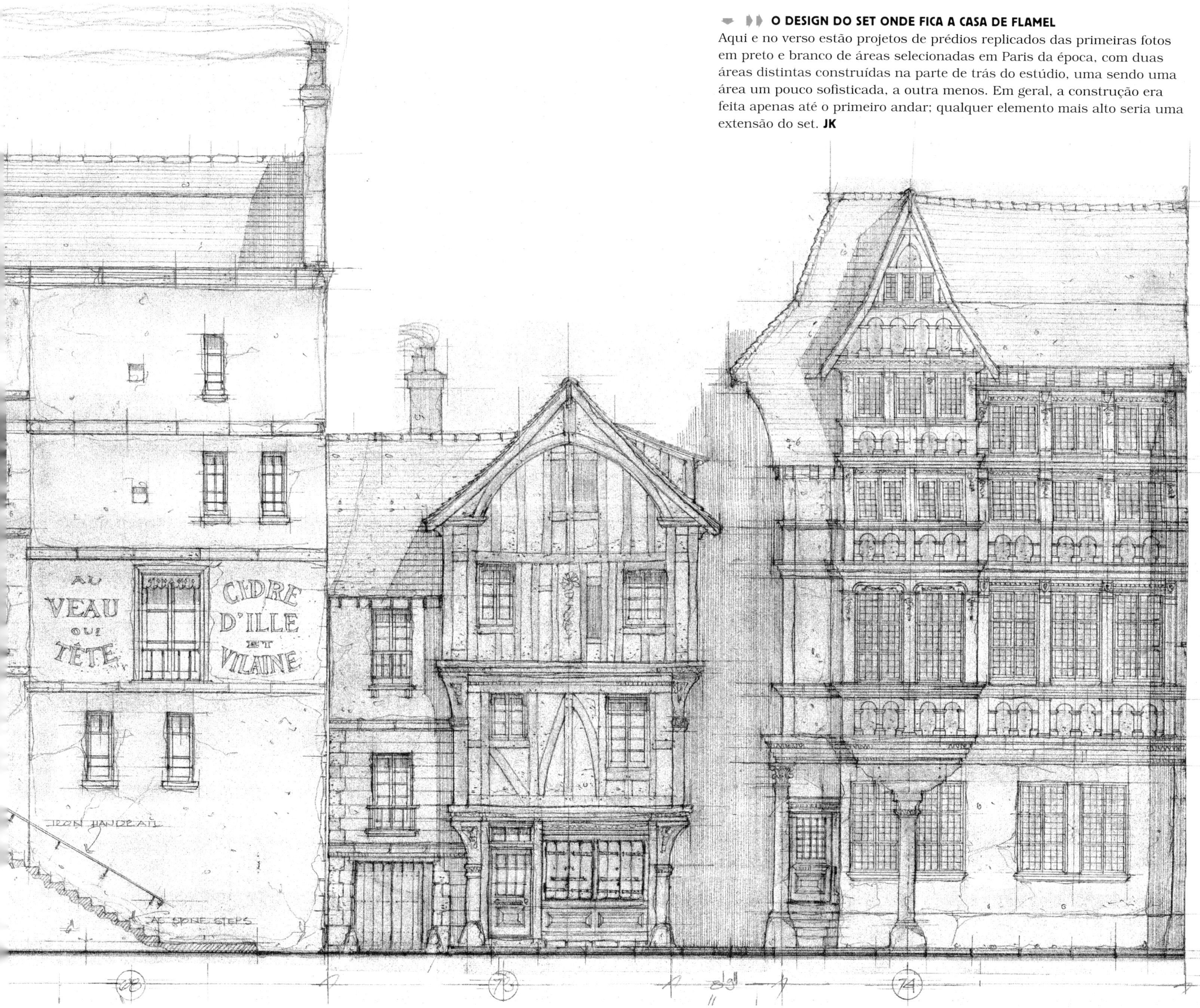

O DESIGN DO SET ONDE FICA A CASA DE FLAMEL
Aqui e no verso estão projetos de prédios replicados das primeiras fotos em preto e branco de áreas selecionadas em Paris da época, com duas áreas distintas construídas na parte de trás do estúdio, uma sendo uma área um pouco sofisticada, a outra menos. Em geral, a construção era feita apenas até o primeiro andar; qualquer elemento mais alto seria uma extensão do set. **JK**

VISTA DA CASA DE FLAMEL / JK

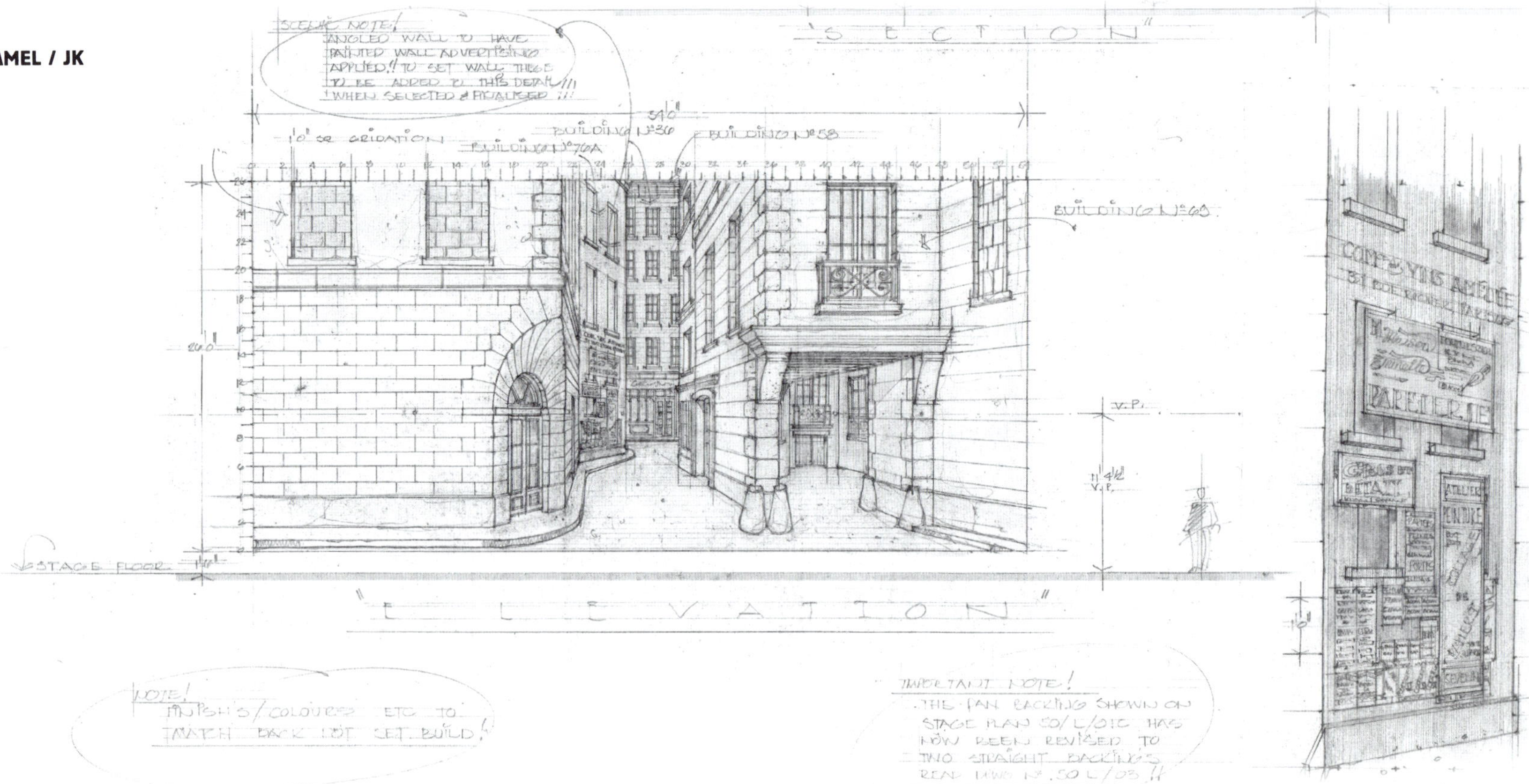

VISTA DA CASA DE FLAMEL

Usamos uma série de ruas estreitas para ampliar a parte de fora da casa de Flamel, e esta é composta principalmente por construções reais, mas com todos os recursos modernos removidos, e todas as fachadas de lojas pintadas para torná-las mais autênticas. Fotografei a vista do set na parte de trás do estúdio (os prédios escuros no primeiro plano são reais), preenchi a rua seguinte usando um modelo 3D, usando fotografias para criar a extensão. Em seguida, pintei varandas, fachadas de lojas e a própria rua à mão. **HES**

VISTA DA CASA DE FLAMEL

Esta imagem da área periférica de Paris, vista da casa de Flamel, indicou como uma das extensões de set eventualmente ficaria. Estas vistas de esboço, cobrindo todos os ângulos possíveis além dos parâmetros do set físico, ajudaram a orientar e a informar os artistas digitais na criação de um ambiente plausível e convincentemente completo. **CH**

ILUSTRAÇÕES DO LIVRO MÁGICO

Esta série de imagens foi criada para o livro mágico que Flamel usa para se comunicar com outros bruxos. Isso expande o mundo mágico de uma maneira verdadeiramente global, de modo que cada imagem teve que refletir a casa de um personagem, mesmo que eles estivessem ausentes.

A imagem principal tinha que corresponder fielmente ao local usado para filmar a parte de Dumbledore dessa cena. Cada uma dessas imagens, embora talvez vistas por um breve momento, precisava ter profundidade e cuidado na produção, já que não há como saber exatamente para onde a história pode ir no futuro.

A morada de Eulalie Hicks, professora da Escola de Magia e Bruxaria de Ilvernorny, em Massachusetts, talvez tenha sido a mais complicada de todas, já que essa imagem serviu para estabelecer a morada-chave dessa importante personagem. O design provou ser um catalisador, já que o pequeno set criado para filmar este momento evoluiu muito, com a contribuição de elenco, da escritora e do designer de produção.

A intenção era animar de leve cada uma das moradas dos bruxos, então pensei em fornecer um ambiente em cada imagem que oferecesse ideias para a equipe de efeitos visuais. **CH**

A CASA DE FLAMEL / PP

O LABORATÓRIO DE FLAMEL
Ao trabalhar nos designs para o laboratório de Flamel, as pinturas flamengas foram minha principal influência. A ideia de iluminação inteligente de Stuart transformou na mesma hora este set em um cenário mágico, que também me inspirou. **PP**

ESBOÇO DA CASA DE FLAMEL / CH

O LABORATÓRIO DE FLAMEL
Além da inspiração inestimável de Stuart ao preparar minhas pinturas deste cenário, o crédito também deve ser dado a John King, que de fato foi o arquiteto por trás da notável casa de Flamel, e a Anna Pinnock com sua genialidade em cenografia. **PP**

‘Este é um conceito de integração (com a arte colocada em cima da cena do filme) do emblema de Grindelwald que aparece durante a sequência da visão da bola de cristal na casa de Flamel.’

• O EMBLEMA DE GRINDELWALD / PG •

O EMBLEMA DE GRINDELWALD

O emblema de Grindelwald era sinistro e agourento. Neste conceito, tentei fazer com que parecesse uma "ocorrência natural", como se estivesse saindo do céu tempestuoso e pesado. Imaginei que poderia ser visto por um instante e depois desaparecer de volta no meio das nuvens. **PG**

A BOLA DE CRISTAL DE FLAMEL

A bola de cristal de Flamel seria grande e decorativa, com traçado gótico em sua ornamentação. Esse detalhe refinado com um desenho técnico de Jelle Rebry fez com que ela realmente se destacasse em meio aos outros objetos em sua bancada de trabalho, talvez como uma herança preciosa. **PG**

O EMBLEMA DE GRINDELWALD

Voltados para a história, examinamos materiais de propaganda, em particular as campanhas nazistas que utilizavam estratégias de design muito estudadas para transmitir suas mensagens. Nosso trabalho é entender a personalidade e as motivações do personagem para quem estamos projetando, então isso pareceu relevante para Grindelwald e sua abordagem autocrática à dominação do mundo! **ML**

CONCEITOS INICIAIS PARA O INTERIOR DA BOLA DE CRISTAL DE FLAMEL
Esses são três conceitos em que tentei explorar a aparência do interior da bola de cristal de Flamel durante a revelação de suas visões. No primeiro, foquei na estrutura geral do ambiente e em como os personagens são revelados dentro dessa estrutura. Me afastando de uma paleta monótona, no segundo introduzi mais cor. Gostei da ideia de cores diferentes se misturando, como uma corrente de aquarela. O terceiro foi outra abordagem ao ambiente, em que brinquei com a ideia de uma cena aparecendo através da fumaça. É um visual convencional, mas adicionar um pouco de cor deixou tudo mais interessante. **JC**

O ESCONDERIJO DE KAMA
Projetei esta série de artes conceituais para a sequência em que Kama leva Tina até o seu esconderijo, para dar aos cineastas ideias deste local. Começamos com Kama levando-a por degraus estreitos até o esgoto. As outras duas mostram Tina aprisionada, de diferentes ângulos. Este era um espaço bastante pequeno, preenchido por enormes canos cheios de ferrugem; Stuart usou fotografias antigas da rede de esgotos que atravessa Paris como referência. Na imagem grande, vemos Tina na sua prisão na "sala de canos". **EK**

O ESCONDERIJO DE KAMA
Este foi um *briefing* complicado. Tive que transmitir a ideia de que Kama tinha obsessivamente desvendado a linhagem dos Lestrange na parede de seu esconderijo enquanto evidenciava sua conclusão para o público do filme. Tropecei na solução enquanto tentava provar que Dermot estava errado sobre a ideia que sugeriu. Esse rabisco rápido é o que acabaria se destacando na parede. **RB**

YUSUF KAMA, FIGURINO
Nesta imagem, experimentamos vários comprimentos da jaqueta. Depois de um tempo, Colleen decidiu por esse tamanho específico. A quantidade de desgaste das roupas também foi importante para o desenvolvimento do personagem. **CC**

CORVUS LESTRANGE
CORVUS LESTRANGE
CREDENCE BAREBONE

O ESCONDERIJO DE KAMA / RB

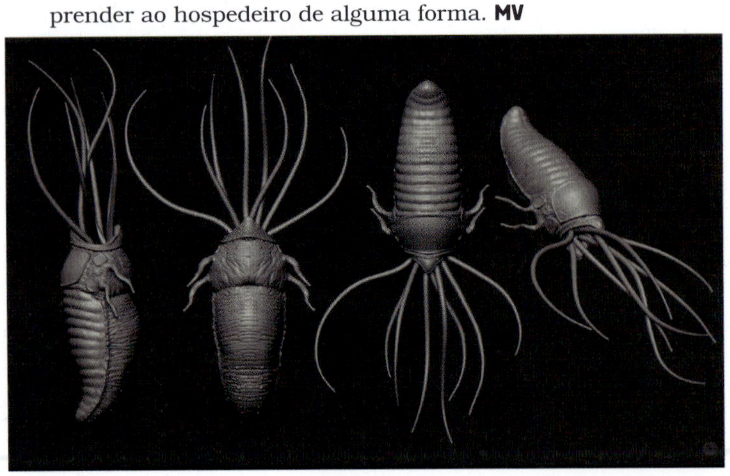

DESIGN DO PARASITA
Pediram-me para criar um projeto para o parasita com o qual Kama está infectado, e que faz com que ele seja levado para a casa de Flamel. Comecei olhando as larvas de mosca e pequenas criaturas marinhas. Queria criar uma combinação de um corpo orgânico macio e um simples revestimento de exoesqueleto. Os tentáculos foram escolhidos por causa das características parasíticas da criatura: ela precisava se prender ao hospedeiro de alguma forma. **MV**

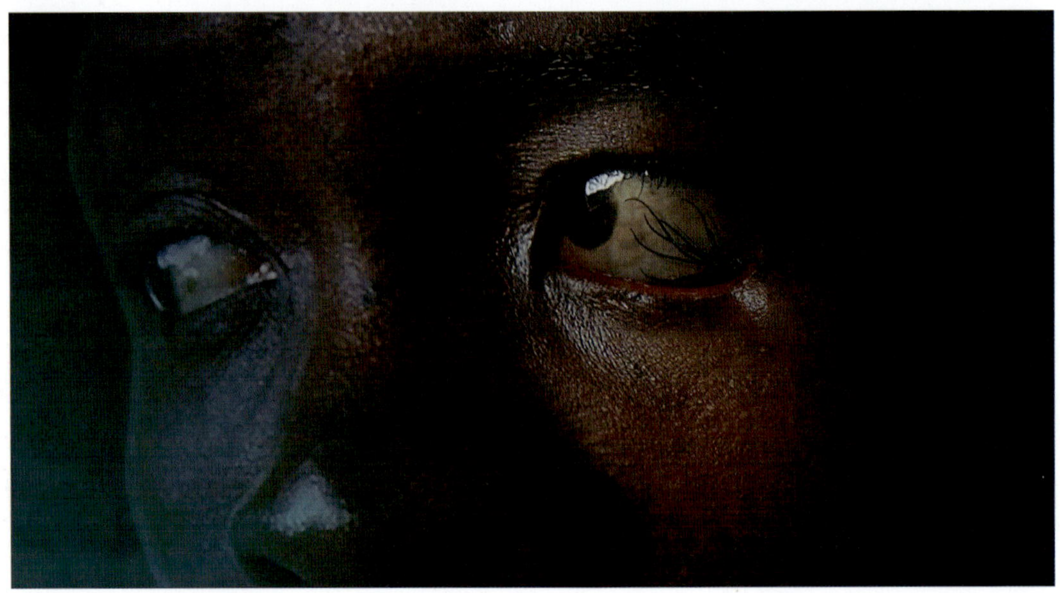

CLOSE NO PARASITA
Para a imagem aproximada do olho de Kama, tive a sensação de algo que assustaria todo mundo, como pequenos tentáculos, como cabelos, envolvendo seu globo ocular. A sensação de que algo está se projetando sob sua pálpebra. **MV**

DENTRO DO ESGOTO
Neste conceito, imaginei que o interior do esgoto poderia ser escuro e úmido, com esqueletos de animais no chão. **EK**

NEWT NO ESGOTO
Neste conceito, vemos o que pode acontecer quando Newt passa por criaturas atraídas pela luz, que são despertadas pela iluminação de sua varinha e se inclinam em direção a ele. **DB**

Nesse conceito, Grindelwald observa enquanto seus acólitos carregam caixões para a carruagem de testrálios. Esta foi uma extensão de set inspirada pela grandeza e escala da arquitetura de uma rua parisiense real, a Boulevard Haussmann. Criei um modelo 3D, repetindo elementos característicos da arquitetura e depois os pintei. A ideia era que a avenida continuasse quase até o infinito.

• O ESCONDERIJO DE GRINDELWALD, NO LADO DE FORA / EK •

1851

A CAVEIRA DE GRINDELWALD
Esta versão macabra de um narguilé foi projetada para Johnny Depp inalar, quando faz o crânio brilhar magicamente. Parecia apropriado que um objeto desse tipo fosse um crânio pintado. J.K. Rowling ficou feliz com esse resultado, pois refletia o que ela tinha em mente quando concebeu a ideia original. **RB**

▲ **DESIGNS DO CRÂNIO / MS**

◀ **CONCEITO DO CRÂNIO**

O design deste adereço tomou muitos caminhos diferentes antes que a forma final fosse concebida. A princípio, eu estava preparado para explorar ideias que incorporassem câmaras de vidro, que conteriam água e filtrariam vapor de uma maneira similar à de um narguilé real. O departamento de decoração de cenários encontrou referências surpreendentes do período, incluindo um equipamento do anestesia antigo, mas, no fim das contas, essa ideia foi abandonada em favor de simplesmente conectar o tubo na parte de trás do crânio. Kate Grimble e Pierre Bohanna encontraram referências de vidro tipo Lalique que inspiraram as cores e texturas em peças de desenvolvimento posteriores. **MS**

▼ **DESIGN DO CRÂNIO**

Explorei ideias de como o crânio poderia estar disposto quando não estivesse sendo usado. A ideia de Stuart de que haveria uma rachadura no topo do crânio significava que poderia, potencialmente, ser empalado em um suporte de uma forma surpreendentemente macabra. **MS**

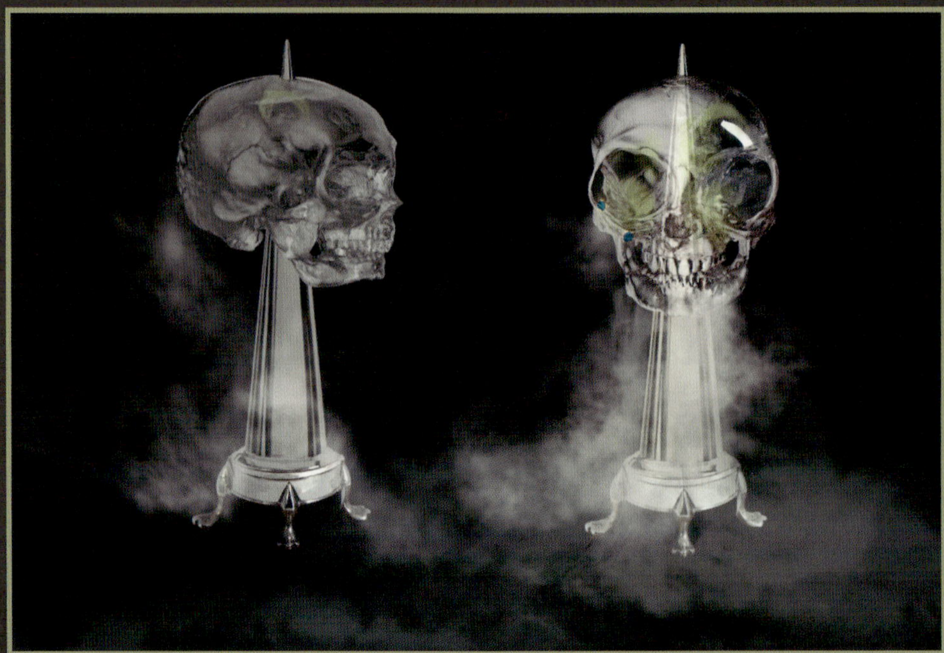

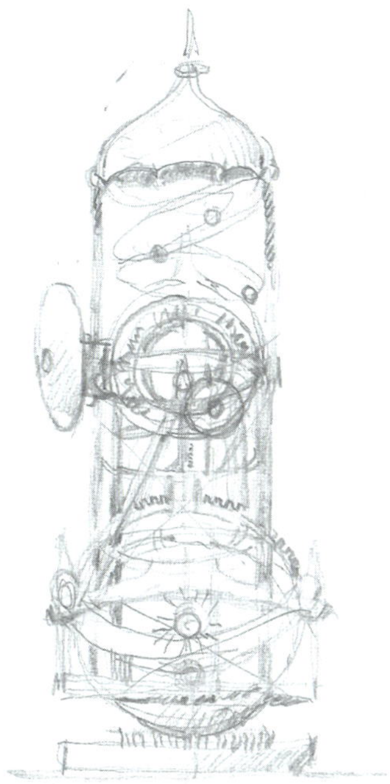

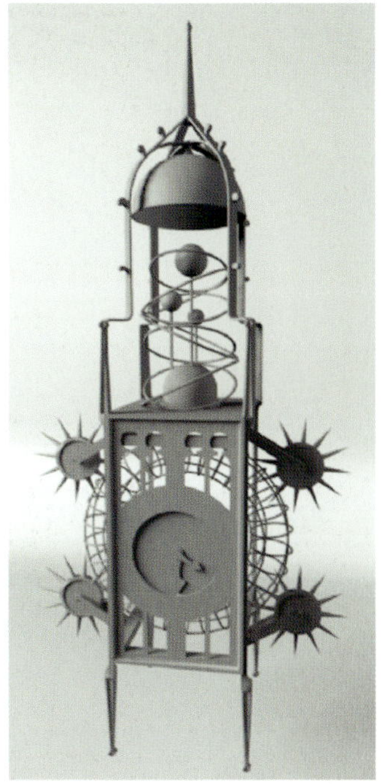

O DESIGN DO RELÓGIO DE GRINDELWALD
O relógio de Grindelwald começou com uma conversa minha com Stuart. Encontramos relógios muito antigos da Europa Central, que eram muitas vezes feitos de chapas de ferro com decoração de latão ou ouro. Bastante simples esteticamente, mas o ferro preto lembrava calabouços, por isso foi sugerido que o movimento não fosse realizado por pesos, mas por uma pequena criatura enclausurada no mecanismo. Fiz alguns esboços para explicar a ideia. Uma roda tubular feita como uma gaiola com rodas planetárias cravadas na roda principal. A partir disso, outras ideias surgiram com base em um pêndulo e detalhes como o planetário em movimento.

Para melhor expressar o que poderia ser possível em termos práticos, pedi a Connor Breen, designer digital no departamento de fabricação de adereços, que mostrasse essas ideias como animações, como no quadro mostrado acima. **PB/CB**

GELLERT GRINDELWALD, FIGURINO
Era extremamente importante para Colleen captar a atitude desse personagem. Ela queria que eu o colocasse em uma posição severa com uma audiência indefinida no fundo. **CC**

O RELÓGIO DE GRINDELWALD
Conor Breen e Pierre criaram um modelo do relógio de Grindelwald com todas as partes móveis funcionando — eu forneci a estética com um pequeno rato perpetuamente em movimento, uma adição macabra que refletia a natureza cruel de Grindelwald. Em última análise, isso não apareceria na versão final do filme. **DP**

7

HOGWARTS

5

6

7

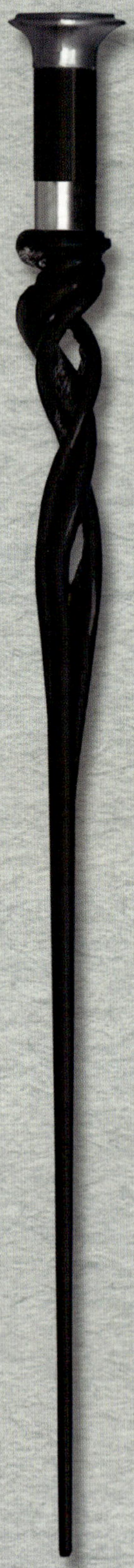

8

9

AS VARINHAS

Estas páginas mostram como os designs das varinhas estão relacionados e também como contrastam entre si, algo notável com os irmãos Theseu (6) e Newt (1), cujas varinhas são tão diferentes uma da outra quanto seus personagens. Como Theseu é um auror de sucesso e está confortável com seus elevados status sociais, sua varinha é estável e sofisticada. Fiz com que o cabo parecesse feito de casco de tartaruga, um material que seria condenável para seu irmão, amante da natureza.

Exemplificando um pouco mais: a personagem Bunty (5) é descrita como previsível, louca por animais e apaixonada por Newt. Ela está sempre usando ataduras, por conta dos machucados que ganha ao alimentar e cuidar das criaturas que tanto ama. A beleza e a elegância de sua varinha entalhada à mão acabam subestimadas. Seu cabo em forma de cone de abeto simboliza a conexão da personagem com a natureza.

A varinha original de Dumbledore (7) se assemelha bastante à Varinha das Varinhas (19), ecoando uma personalidade muito forte. A ponta de seu cabo, em quartzo anfíbolo, foi feita para protegê-lo dos efeitos negativos de lutar em duelos bruxos. Cristais anfíbolos muitas vezes formam desenhos de asas, o que é particularmente relevante para Dumbledore e a afinidade de sua família com a fênix. A madeira usada nela é o ébano, o que chama bastante atenção e carrega uma reputação, algo perfeito para um mestre da transfiguração e magia de combate. Mais tarde, porém, foi decidido que esta varinha era, de fato, muito parecida com a Varinha das Varinhas, e uma versão com haste torcida (8) foi criada. O cabo é formal e elegante, enquanto a haste, próxima do formato orgânico de sua madeira, é uma indicação do futuro tão singular de Dumbledore. **MS**

1. Newt; 2. Tina; 3. Queenie; 4. Spielman; 5. Bunty; 6. Theseu; 7. Dumbledore (primeiro design); 8. Dumbledore (design final); 9. Flamel; 10. Skender; 11. Leta; 12. Lestrange; 13. Kama; 14. Grimmson; 15. Rosier; 16. Abernathy; 17. Kraft; 18. Krall; 19. Grindelwald (a Varinha das Varinhas)

1 2 3 4

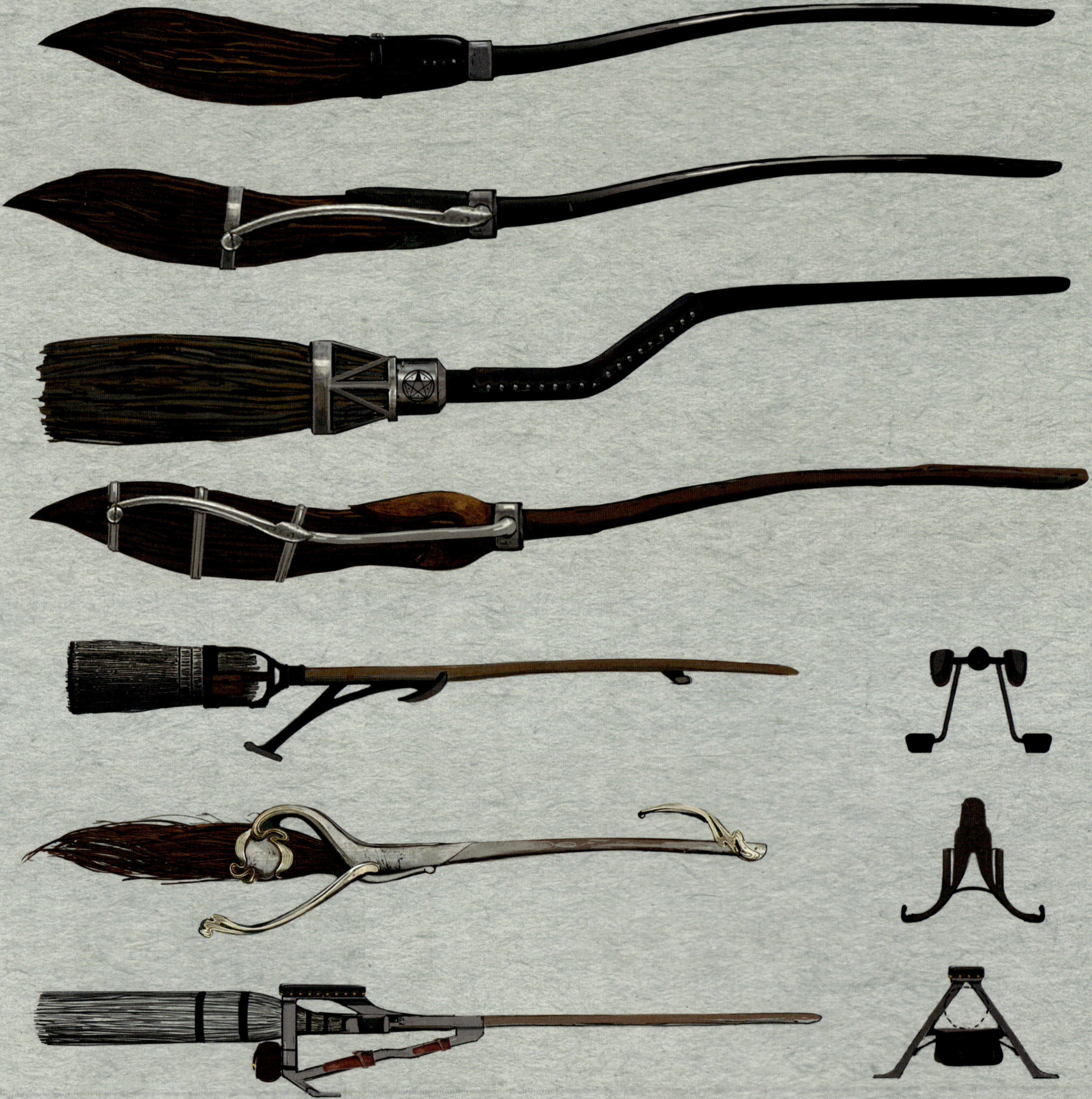

AS VASSOURAS DOS AURORES
O modelo da vassoura usada pelos aurores foi projetado para aparentar ser veloz e lustroso, mas sem parecer uma vassoura tão sofisticada como as dos filmes de Harry Potter. Utilizamos materiais tradicionais, madeira e couro, e a forma da vassoura era suavemente regular e curva, mantendo o a elegância do *art nouveau*, que era uma estética do período. **MS**

15

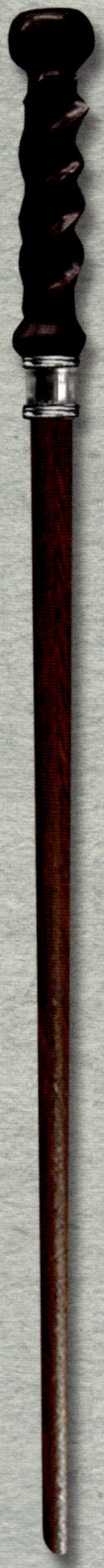
16

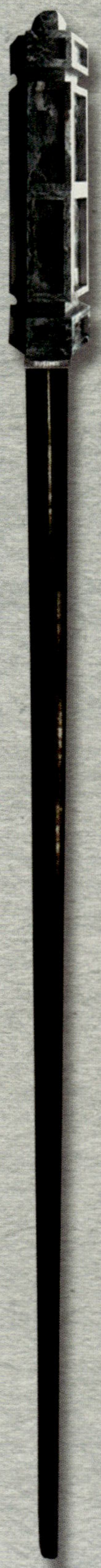
17

18

19

10

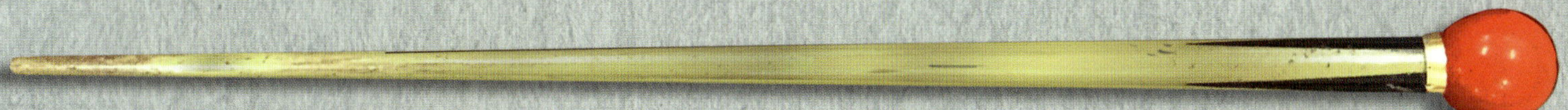

11

12

13

14

◀◀ **A PONTE DE HOGWARTS**
Aproximando-se de Hogwarts do outro lado da ponte, olhando para a torre de Dumbledore e para o pátio em frente ao Grande Salão, agentes do Ministério da Magia chegam para confrontar Dumbledore. A cena já havia sido planejada nas prévias dos storyboards, mas precisava de algumas ilustrações para capturar o clima e a atmosfera. Isso foi feito adicionando textura e iluminação a um modelo de prévia de efeitos visuais. Como este é um dos locais icônicos e mais reconhecidos do universo da série *Harry Potter*, certamente foi um desafio tentar mostrá-lo de uma maneira inédita, enquanto ainda estamos nos adequando à cena em particular. **KF**

◀ **O VISUAL EXTERNO DE HOGWARTS / KF**

▲ **VISTA AÉREA DE HOGWARTS / KF**

▼ **VISUAL DE HOGWARTS / KF**

TRANSFORMAÇÃO DO BICHO-PAPÃO
Nesta sequência de desenhos, queria mostrar como o bicho-papão poderia se transformar de uma aranha em Grindelwald: para alguns magos e bruxas duas formas igualmente alarmantes! **BK**

O ARMÁRIO DO BICHO-PAPÃO
Enquanto o novo filme retornava à sala de aula de Defesa Contra as Artes das Trevas, em uma lição onde Dumbledore ensina os alunos como enfrentar seu bicho-papão, os cineastas se referiram aos traços de Michael Lamont, produzidos para um dos filmes da série *Harry Potter*, para o guarda-roupa memorável, em que o bicho-papão está confinado. **MLa**

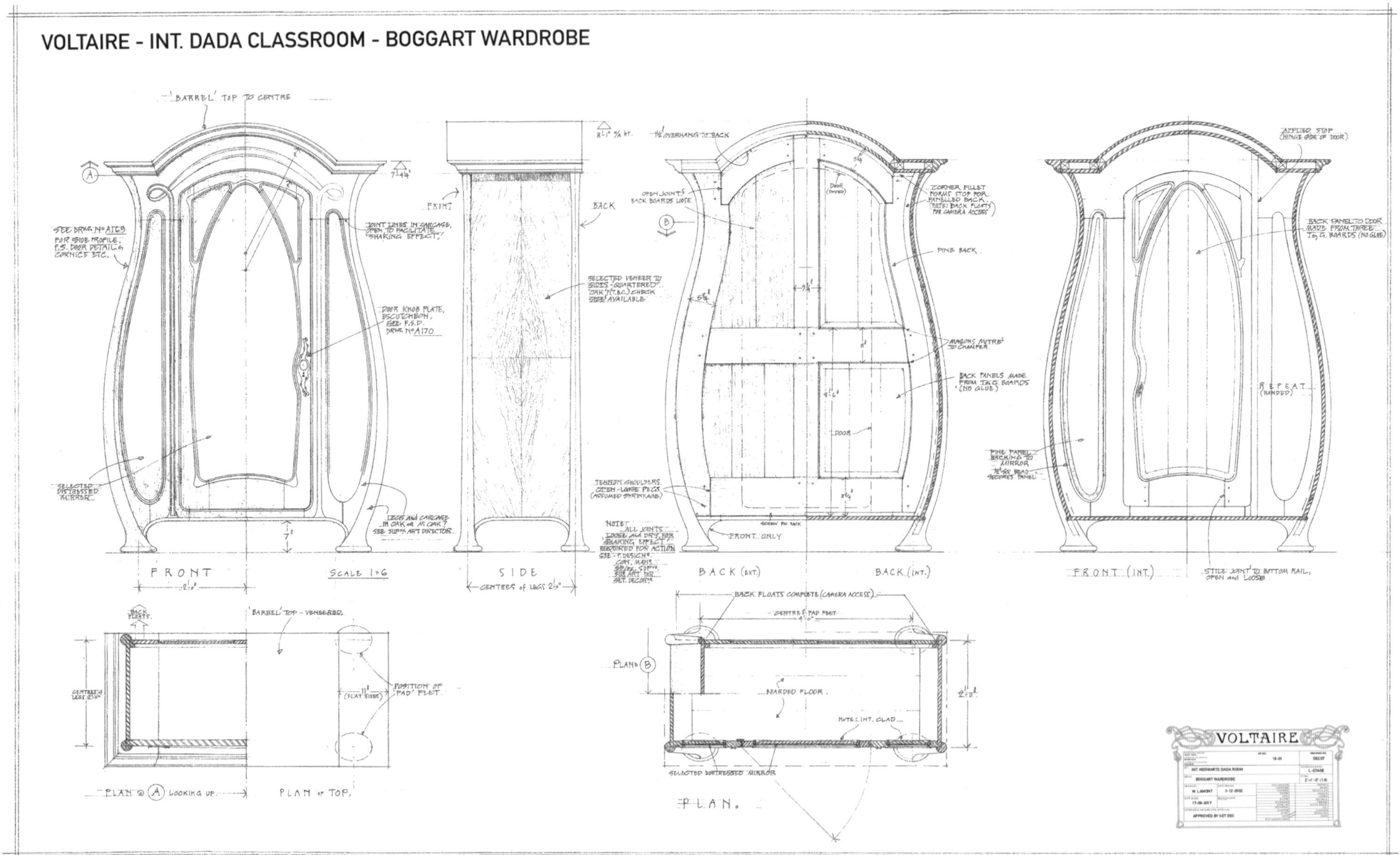

TRANSFORMAÇÃO DO BICHO-PAPÃO
Esta é uma série de desenhos mostrando como o bicho-papão poderia mudar sua forma. Queria que o processo de mudança em cada um deles fosse muito físico e anárquico, para que transmitissem a natureza assustadora da criatura. **BK**

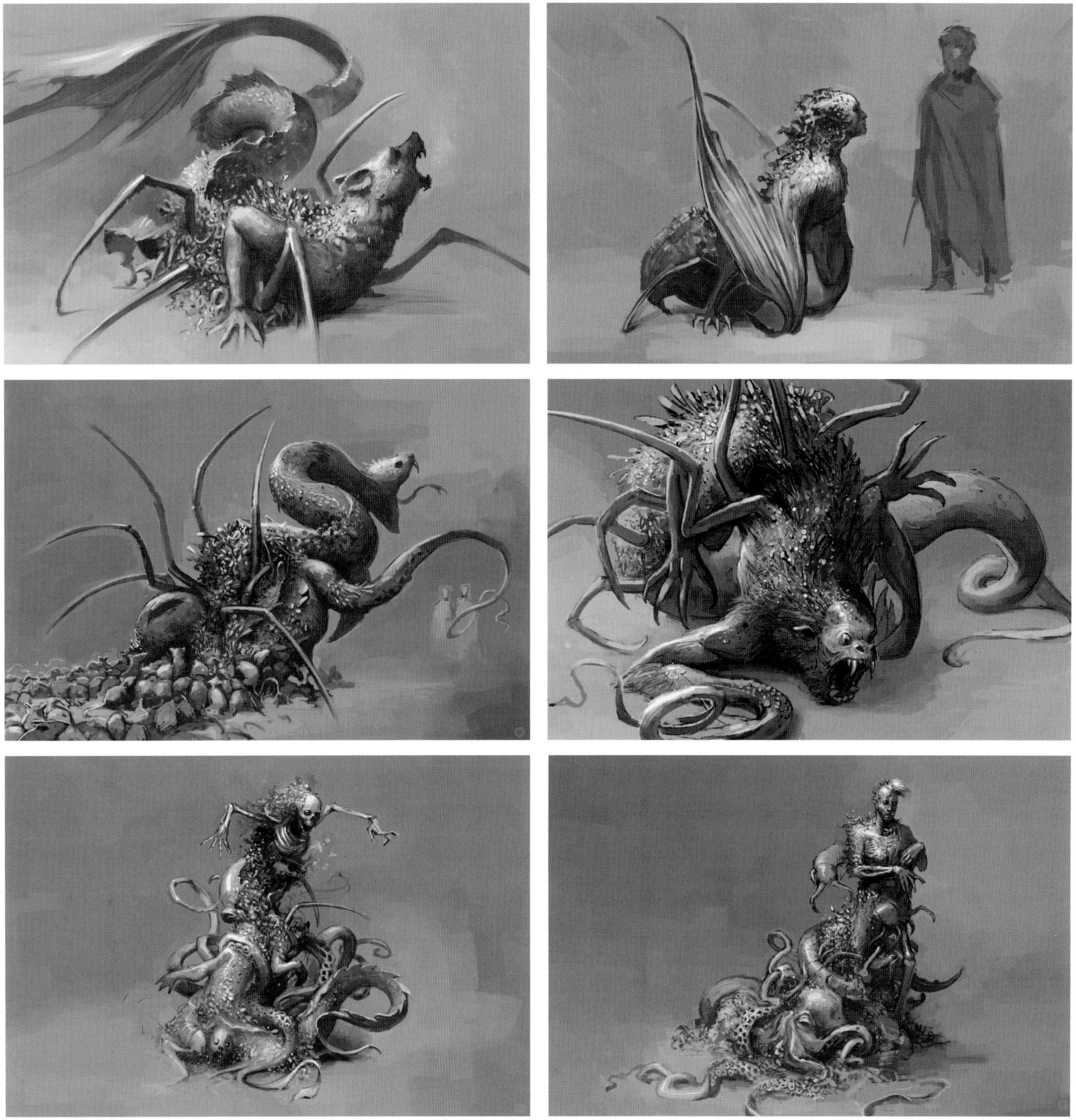

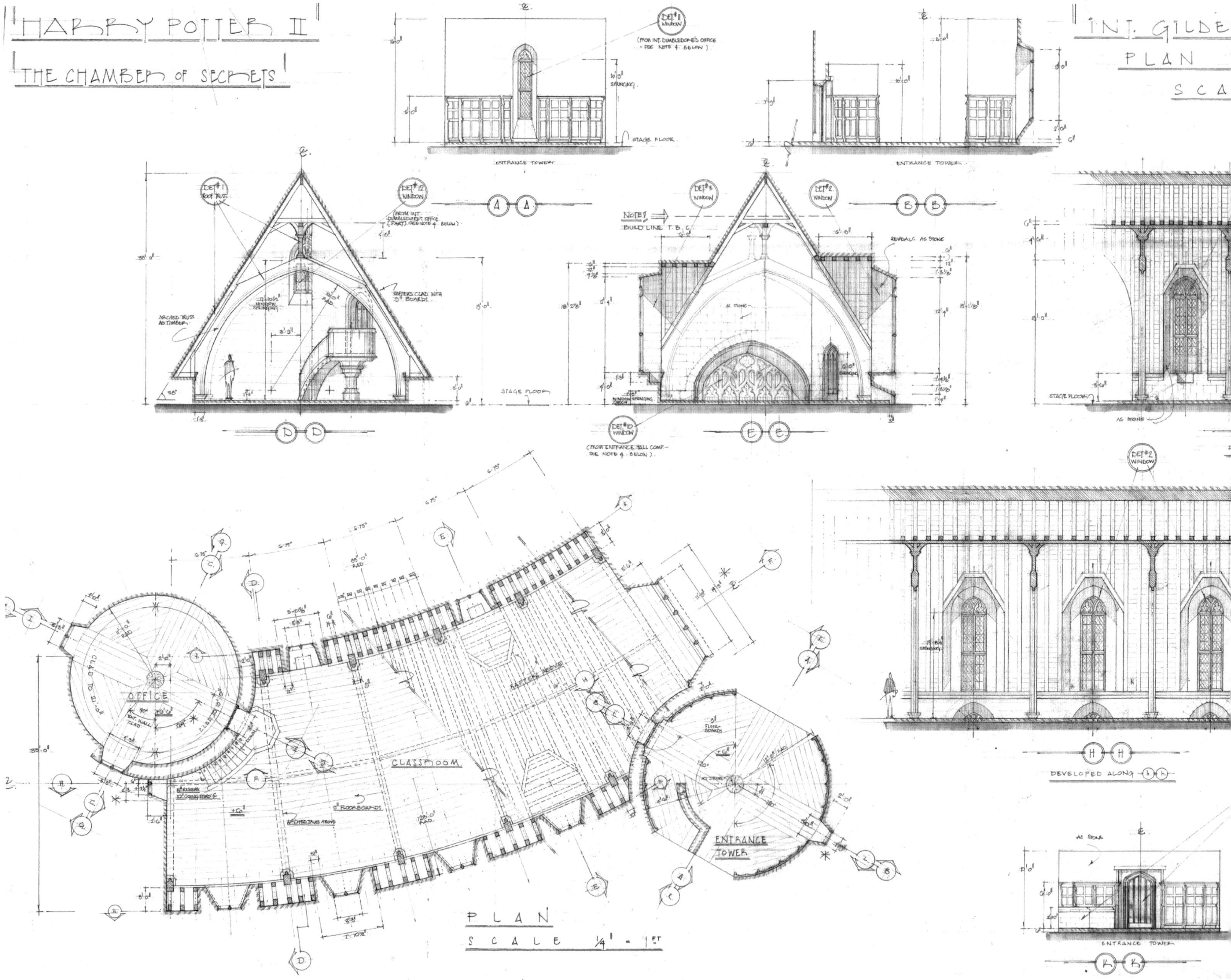

PLANO DA CÂMARA SECRETA / ABu

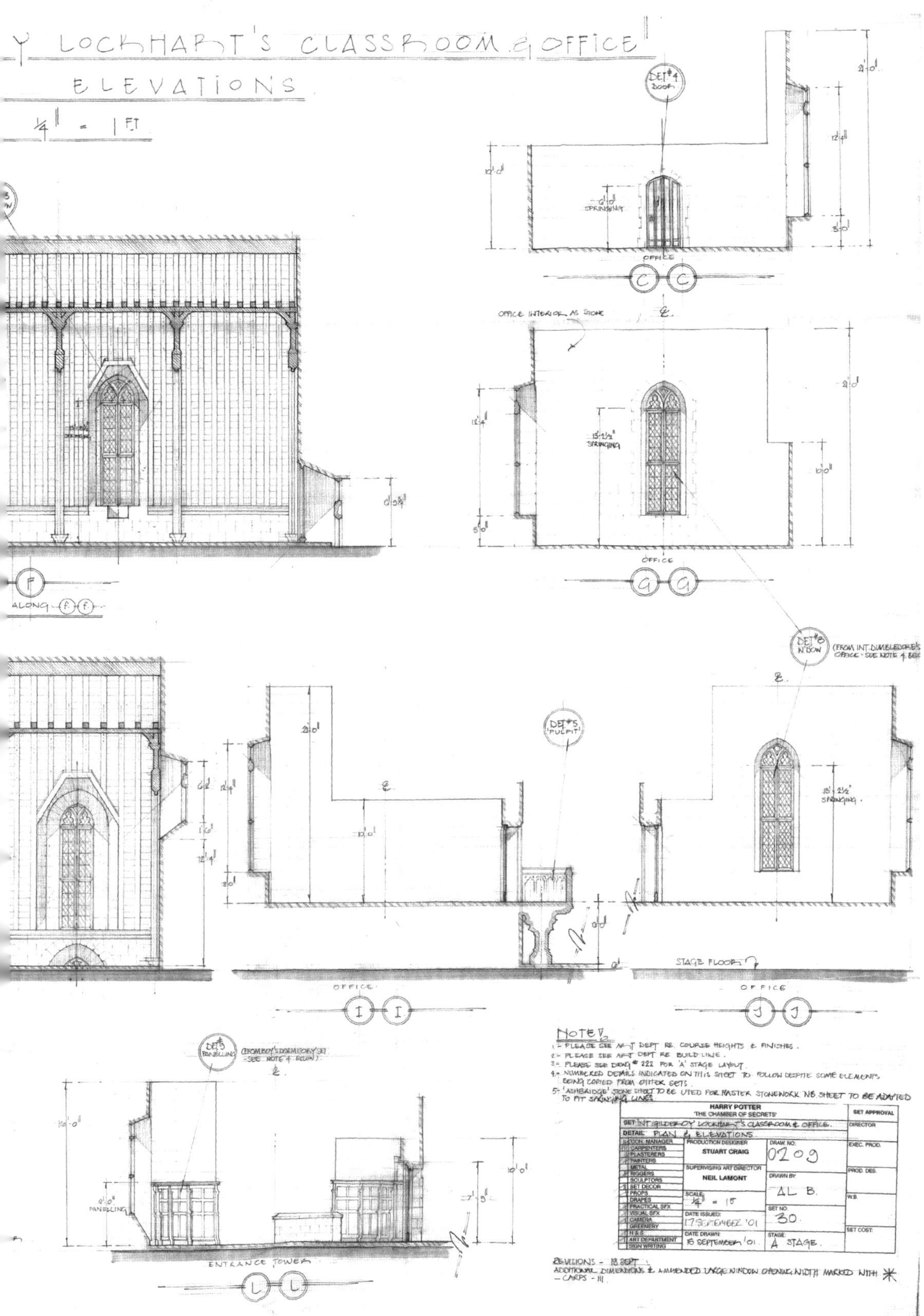

PLANO INTERNO DA SALA DE AULA DE GILDEROY LOCKHART / ABu

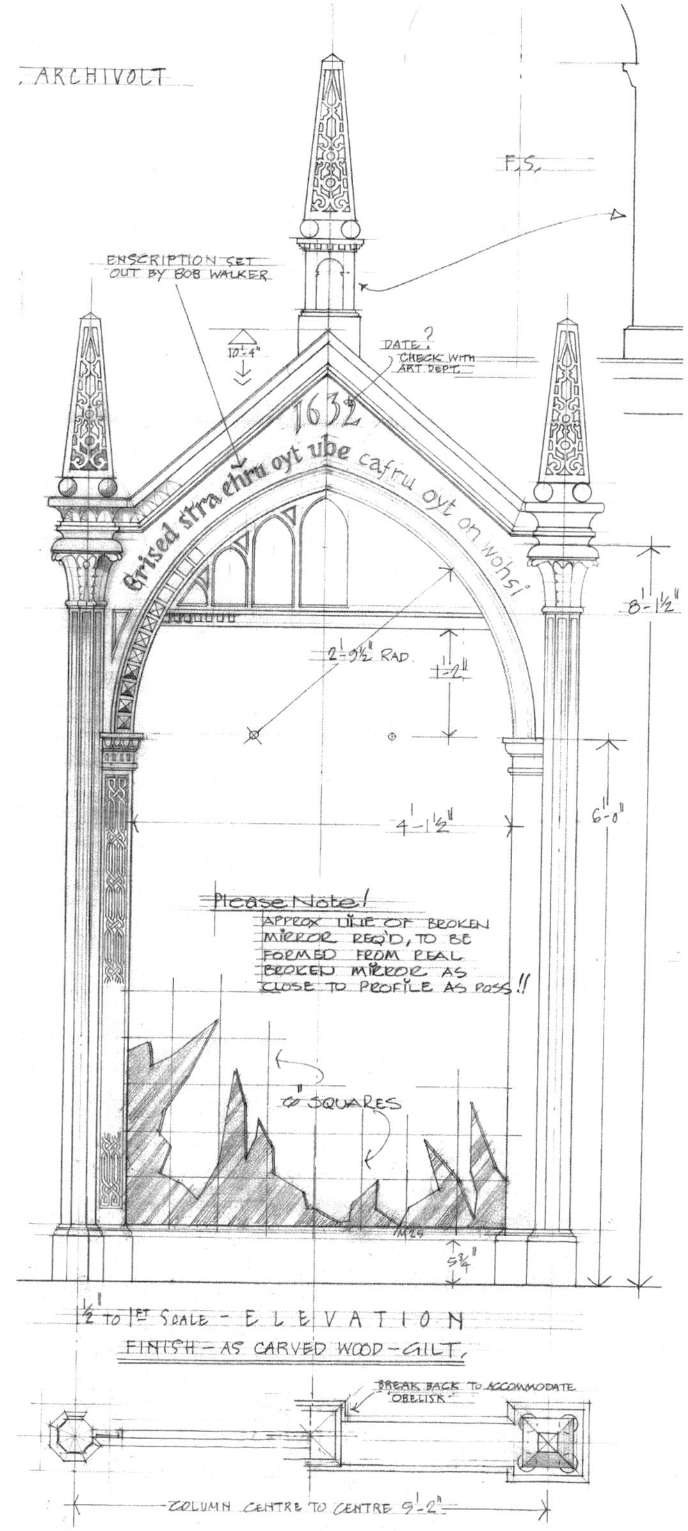

OS ELEMENTOS EM ARQUIVOLTAS / MLa

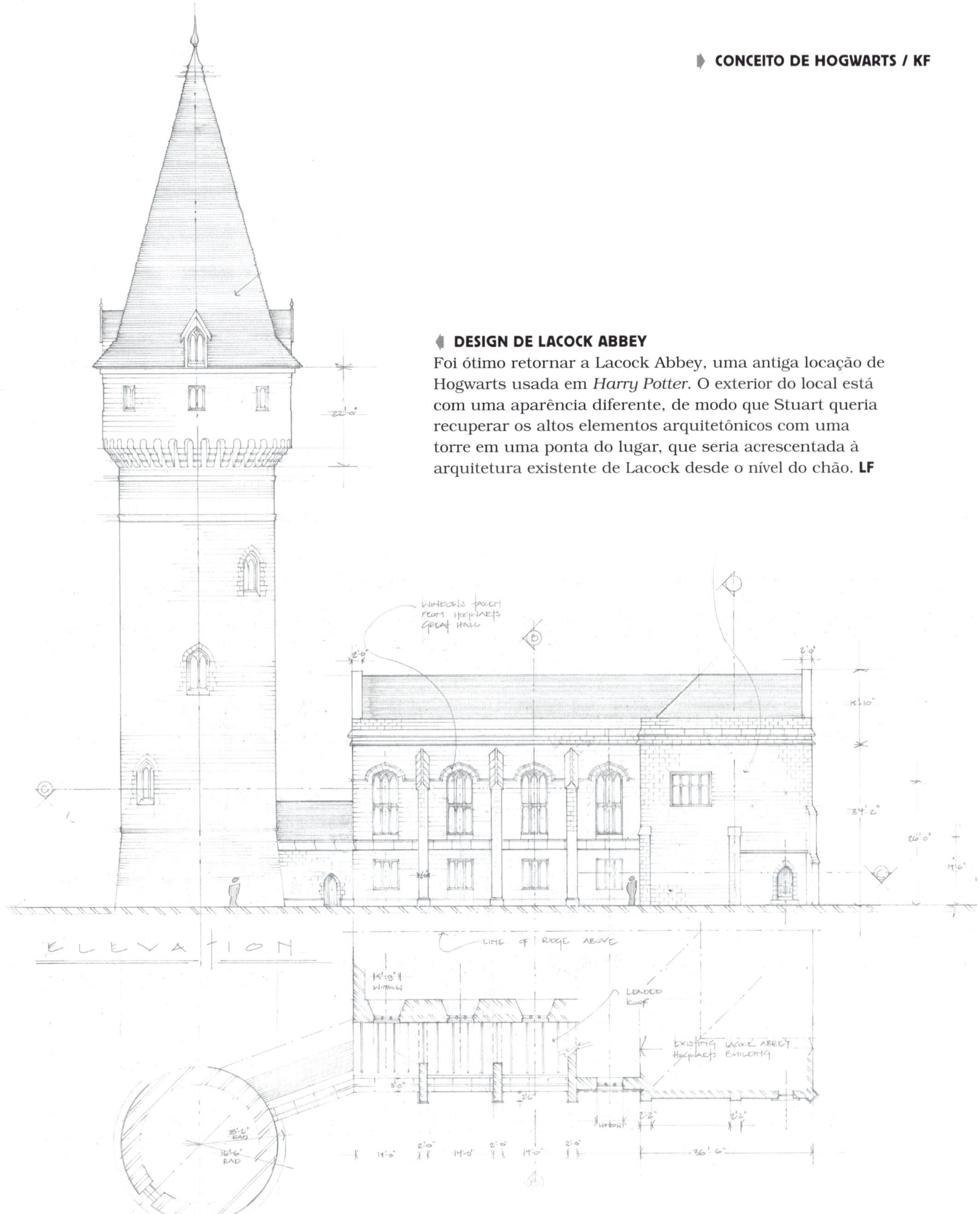

CONCEITO DE HOGWARTS / KF

DESIGN DE LACOCK ABBEY

Foi ótimo retornar a Lacock Abbey, uma antiga locação de Hogwarts usada em *Harry Potter*. O exterior do local está com uma aparência diferente, de modo que Stuart queria recuperar os altos elementos arquitetônicos com uma torre em uma ponta do lugar, que seria acrescentada à arquitetura existente de Lacock desde o nível do chão. **LF**

D'AMBROISE

8

O MINISTÉRIO DA MAGIA FRANCÊS

A ENTRADA DO MINISTÉRIO DA MAGIA FRANCÊS
Seguindo a regra da incomum entrada pela cabine telefônica do Ministério da Magia Britânico, surgiu a ideia de que a entrada no ministério francês fosse por uma fonte; quando um bruxo de aproximasse, as raízes das árvores circundantes formariam magicamente a estrutura de um elevador. Minha pintura mostra Newt, Tina, Queenie e Jacob prestes a descer nele. **PP**

O ELEVADOR MÁGICO
O elevador-árvore quase completo, antes de começar a descer. **DP**

O ELEVADOR MÁGICO
A versão completa chega ao ministério francês — esta imagem foi muito inspirada em um elevador movido a vapor do período, no estilo *art nouveau*. **DP**

A CÚPULA CELESTIAL EM UM CONCEITO INICIAL
Aqui, dois bruxos analisam a "orbe de rastreamento" flutuando na cúpula celestial do Ministério da Magia Francês. Esse conceito inicial usava gráficos de signos do século XVII como um zodíaco temporário para testar a ideia. **DP**

CORREDOR DO MINISTÉRIO FRANCÊS
Quando um roteiro pede um corredor, a maioria dos filmes termina com o que todos imaginamos como um corredor deve ser; paredes retas e portas iluminadas por arandelas. Mas isso é o que acontece quando Stuart Craig projeta um corredor: formas bonitas, incomuns mas críveis, formadas pela interseção de grandes elementos arquitetônicos. **DP**

COLUNA DE CARTAZES DO MINISTÉRIO FRANCÊS
Neste projeto, coloquei um quadro de avisos parisiense clássico no corredor do ministério da França. A ideia seria que todos os anúncios se transformassem em cartazes de Newt. **DP**

LETREIRO DO MINISTÉRIO FRANCÊS
O departamento gráfico fez quadros suspensos que mudavam para formar um letreiro esculpido funcionar em várias cenas. **JR**

A CÚPULA CELESTIAL DO MINISTÉRIO FRANCÊS
O Ministério da Magia Francês fica em um lugar que não está claramente definido. Os personagens descem em um elevador, mas o lugar não parece estar no subsolo. Inventei um mapa astrológico repleto de criaturas do universo de *Animais fantásticos* e *Harry Potter*, tudo feito em um estilo de xilogravura do século XVI. As ilustrações foram feitas usando modelos 3D criados pelo diretor de arte do ministério francês, Sam Leake. **DP**

BALAI
LE GRAPCORNE
PLIMPY
Balai
Le Doxy
HÆMISPHÆ
SPHÆRUM

Le Niffleur
SPHÆRUM
RIUM STEL

PLANOS DOS ESCRITÓRIOS DO MINISTÉRIO FRANCÊS

Os escritórios de cerâmica envidraçada são reminiscentes e inspirados em alguns dos cafés parisienses do período. De dentro, a quarta parede é criada pelo envidraçado curvo de túneis interligados. O chão parece flutuar enquanto o vidro que desce passa por ele. Queria usar a parede de vidro e teto aberto para manter a luz do espaço, mas criando divisões longe do movimentado saguão do ministério francês. **SL**

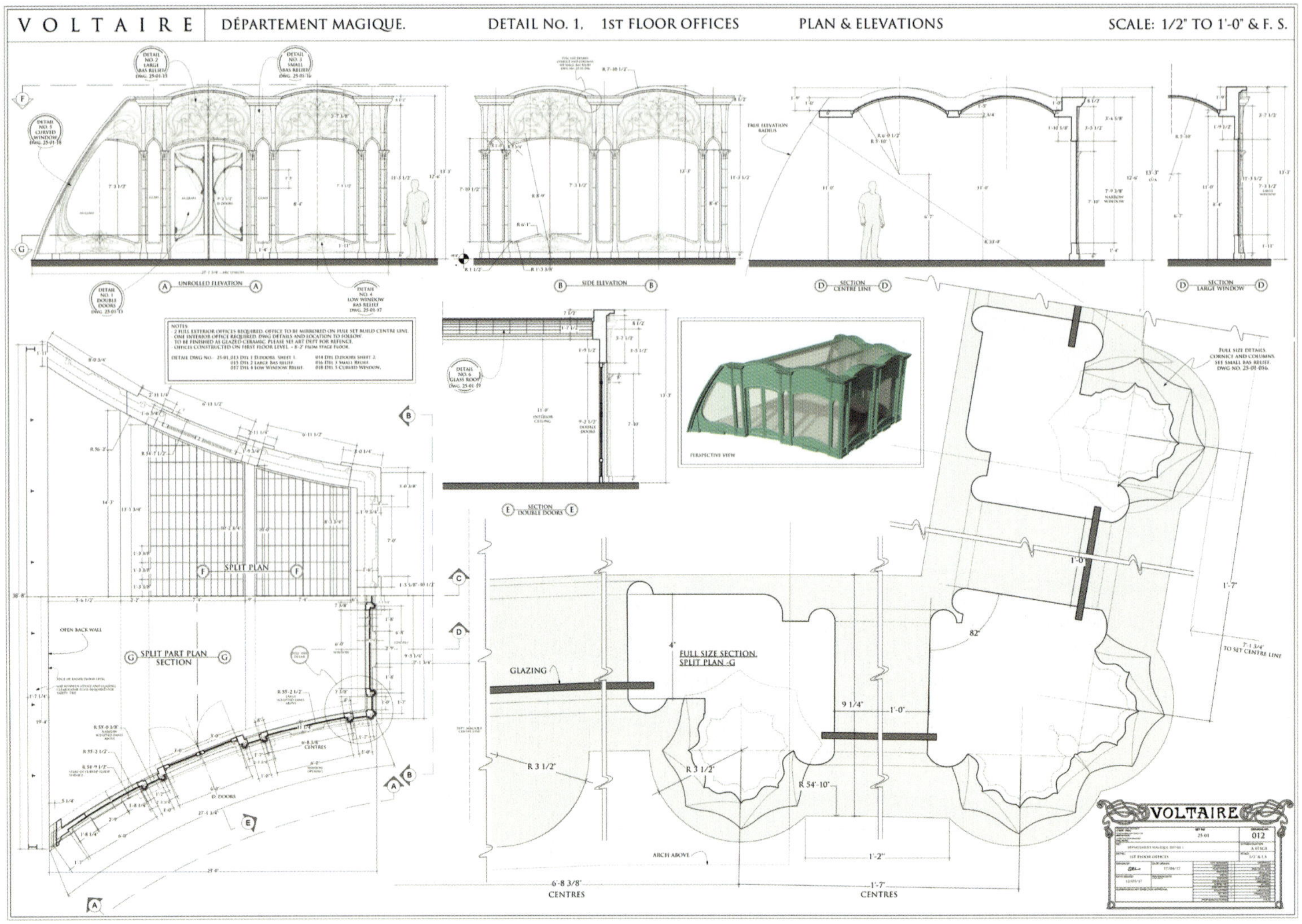

ESBOÇO DE BALAUSTRADA / SC

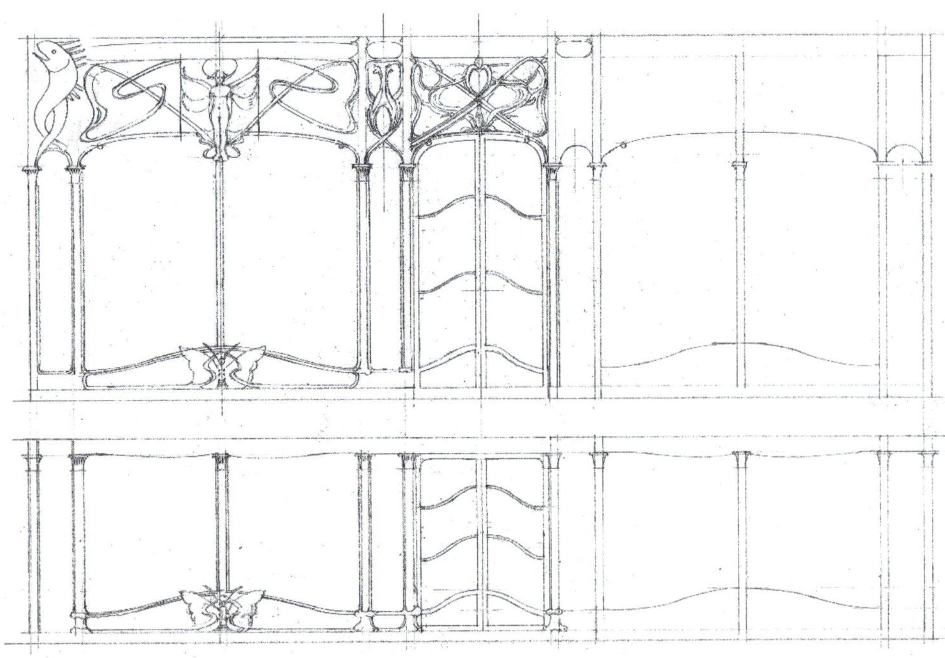

DESIGN DA BALAUSTRADA

A balaustrada circular completa consiste em 64 painéis individuais. Minha intenção era fazer com que o detalhamento parecesse o mais delicado possível, ainda que estruturalmente integrado ao piso curvo elevado. **SL**

ESBOÇO DE DETALHE EM VIDRO
Desenvolvi este projeto com Stuart, me inspirando em azulejos de cerâmica e móveis de madeira esculpida. As flores centrais também podem ser vistas nas grandes portas de entrada da Sala de Registros. **SL**

CONCEITO DE ESCRITÓRIO DO MINISTÉRIO FRANCÊS
Aqui, inserimos um pouco de cor, luz e atmosfera ao escritório do ministério francês. Sempre iluminei os visuais com uma fonte de luz forte. A cúpula girando em cima criou algumas sombras interessantes. **DP**

MODELO DE DETALHE EM VIDRO / DH

CÚPULA CELESTIAL

Este mapa astronômico é baseado em esquemas que eram populares no século XVIII, mas feitos em um estilo de xilogravura inspirado pelo trabalho de Albrecht Dürer, ainda anterior a este período. Uma das peças de arte mais difíceis que já criei e impossível sem o nosso produtor Tim Lewis, permitindo que eu tivesse o tempo e os recursos necessários para fazer tudo da forma certa. **DP**

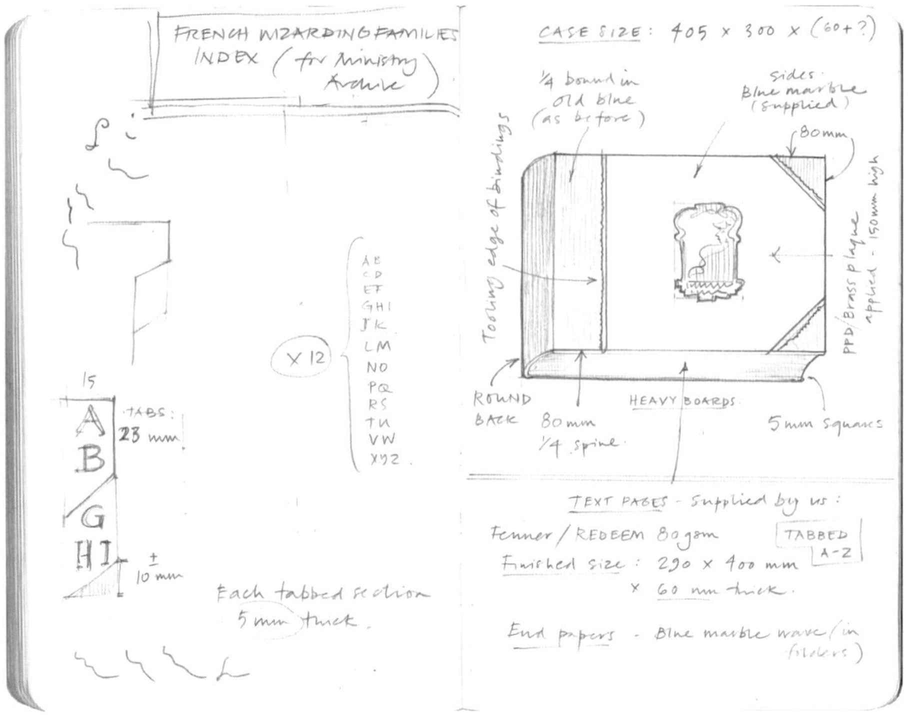

LIVRO DE REGISTROS DO MINISTÉRIO FRANCÊS / ML

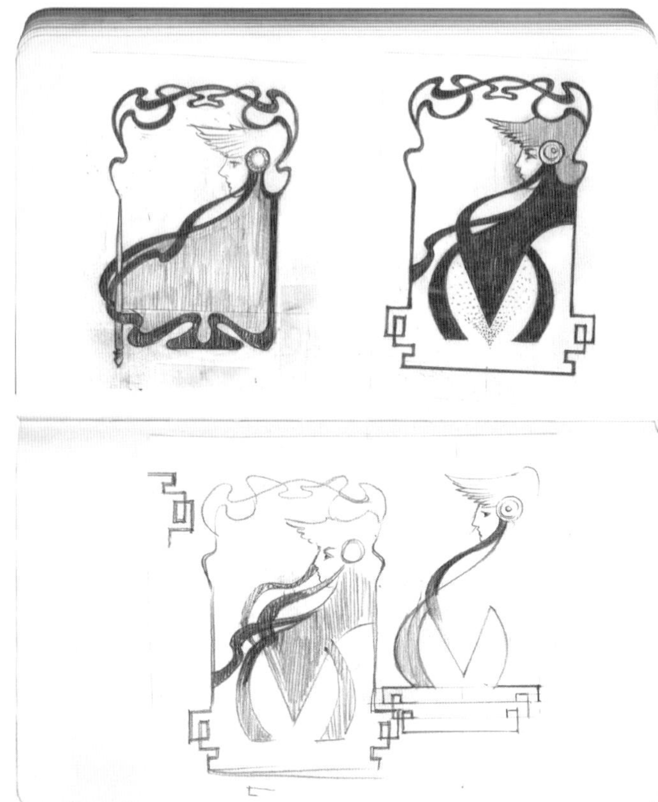

CONCEITOS INICIAIS DO BRASÃO DO MINISTÉRIO FRANCÊS

A alta arquitetura *art nouveau* de Stuart Craig para o Ministério da Magia Francês revela muito a forma como escolhemos ilustrar sua identidade no logotipo. Tal como acontece com o brasão do MACUSA, nos inspiramos no mundo "real" para que o público possa se identificar com uma autenticidade familiar. A figura de Marianne é o símbolo nacional da França, representando o triunfo da república francesa. Queríamos capturar a mesma essência de estatura e autoridade vista na iconografia nacional francesa, mas transposta para a nossa linguagem do mundo bruxo. Também referenciamos a bandeira tricolor e o ano fundador para comunicar sua posição histórica. O lema nacional "*Liberté, Égalité, Fraternité*" foi substituído por um equivalente em magia: "*Incante, Envoute, Conjure*". **ML**

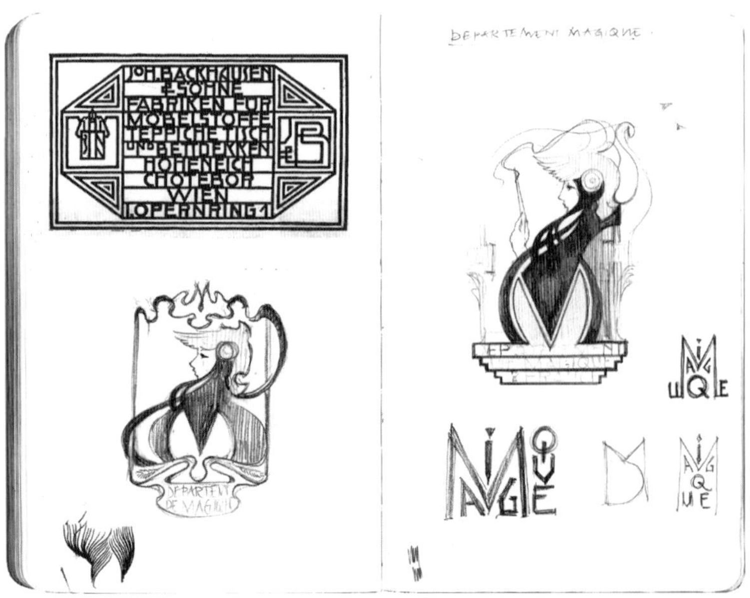

LE NUNDU
STREELER
DRAGON
LE VEAUDELUNE
THESTRAL
LA ÉPÉE
L'OCCAMY
LA DEMIGUISE
L'ERUPTIF
CLABBERT
PLUME D'OIE
L'OISEAU-TONNERRE
PLIMPY
LE GRAPCORNE
HIPPOCAMPE
BALAI
LE DOXY
CENTAUR
LE NIFFLEUR
LE MURLAP
Le Nundu
Le Veaudelune
Dragon
Le Murlap
La Epee
Clabbert
Le Grapcorne
Thestral
Streeler
L'Occamy
Centaur
Le Niffleur
Le Doxy
Balai
Hippocampe
Plume d'Oie
L'Eruptif
La Demiguise
L'Oiseau-Tonnerre
Plimpy

A EQUIPE DE DATILOGRAFIA DO MINISTÉRIO FRANCÊS
Em contraste com o Ministério da Magia, em Londres, ou com o MACUSA, em Nova York, ambos subterrâneos, o ministério da França cresce para os lados. As pessoas podem ser vistas em câmaras distantes — algo muito incomum para um lugar tão interno. **DP**

A EQUIPE DE DATILOGRAFIA DO MINISTÉRIO FRANCÊS
A beleza do set do ministério francês é que ele parece mágico de quase todos os ângulos, particularmente com uma pequena atmosfera adicionada no Photoshop para sugerir grandes distâncias e extensão. **DP**

A ORBE DE RASTREAMENTO
Pierre Bohanna surgiu com o conceito para este dispositivo. Seria algo mecânico, com apenas um pouco de mágica. Os braços seriam compridos, para bater na esfera de vidro em um ponto no mapa-múndi onde a atividade mágica está acontecendo. **DP**

A ORBE DE RASTREAMENTO
A orbe de rastreamento deu trabalho, porque havia muitos elementos e texturas nela. O vidro que reflete e, ainda assim, é transparente; o mecanismo de latão animado; o brilhante mapa de "acontecimentos mágicos", todos flutuando no meio de uma cúpula de vidro cheia de ilustrações complexas. No entanto, tudo funciona porque o conceito original de Stuart e a realização em 3D de Sam acabam como uma forma simples, bonita e forte. Toda a complexidade se funde muito bem. **DP**

ESBOÇO DE MARIANNE

Nas primeiras conversas com J.K. Rowling, ela falou sobre o surgimento de um tema relacionado a pássaros na história. Descobri que muitas medalhas da década de 1920 costumavam retratar Marianne, símbolo nacional da república francesa, com um capacete adornado com um galo. Este é o Galo Gaulês, emblema da França. Combinando nitidamente os dois temas, comecei a criar minha própria visão sobre esses capacetes. **JM**

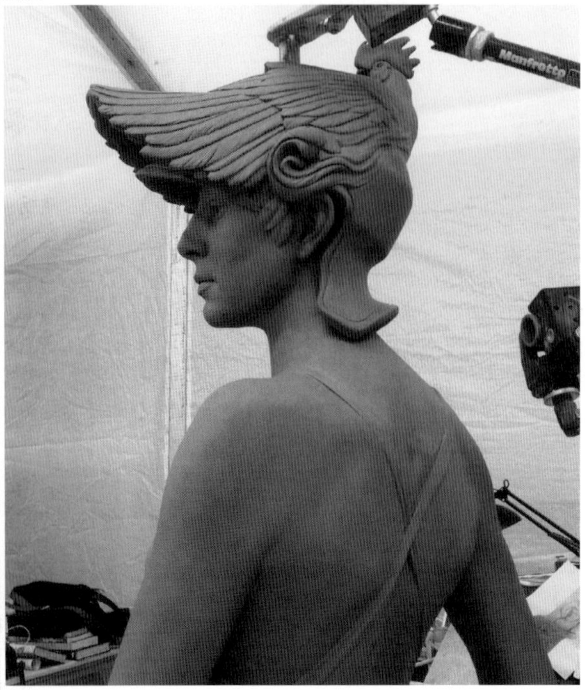

MODELO DE MARIANNE EM ARGILA

Neste modelo de argila, Marianne é descrita como a deusa guerreira da liberdade. Sua postura é forte e sua expressão resoluta e heroica. Seguindo meu esboço, ela usa um capacete adornado com o Galo Gaulês. O close mostra como as asas do galo são puxadas para a frente para criar um pico. **JM**

MODELO DE MARIANNE

Stuart Craig gostou muito das pinturas e dos trabalhos gráficos dos artistas que mais usaram o estilo *art nouveau*. Minha primeira figura foi uma tentativa de expressar essa ideia. Sua fantasia é fluida e leve, criando linhas e movimentos clássicos do estilo. Ela tem um ar boêmio, seu cabelo é usado à moda da época e adornado com uma coroa de louros, símbolo da liberdade e de Marianne. **JM**

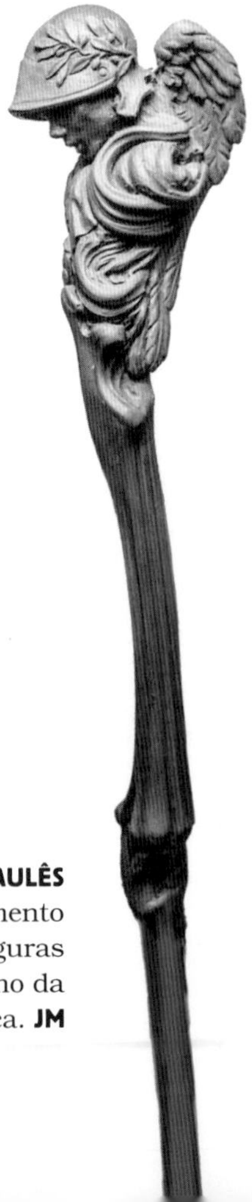

A VARINHA DE GALO GAULÊS

A varinha de Galo Gaulês é o elemento comum que liga todas as quatro figuras de Marianne colocadas em torno da varanda do Ministério da França. **JM**

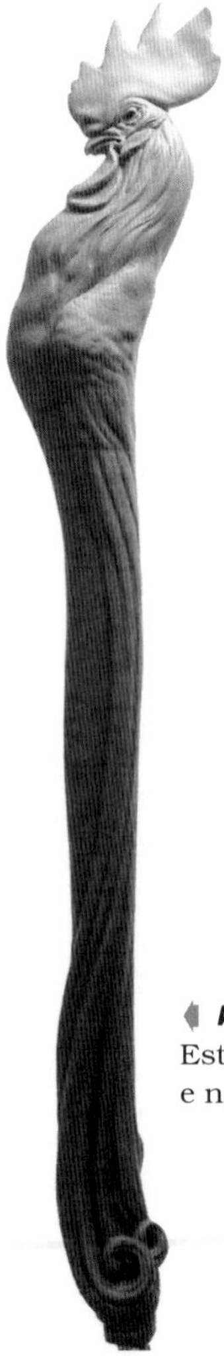

A VARINHA DE MARIANNE

Esta varinha se inspirou na ideia original de Stuart e nas medalhas e artes decorativas do período. **JM**

ESCULTURA DE MARIANNE
A escultura foi digitalizada em 3D e é vista aqui em uma variedade de formas. **JM**

ESTÁTUA DE MARIANNE
Ao discutir as imagens para o set do Ministério da Magia Francês, Stuart Craig os viu como manifestações diferentes de Marianne, a personificação da liberdade. A estátua de bronze tem cerca de treze metros de altura. **JM**

ESCULTURA DE MARIANNE
Nesta imagem, ela é mais uma bruxa do que uma heroína. Ela está vestida com uma túnica curta e calças de harém, o estilo cigano que estava na moda na virada do século. Seu traje evoca o exotismo das colônias norte-africanas da França. Aos olhos europeus da época, isso teria sido misterioso e excitante. **JM**

FIGURA DE ARGILA DE MARIANNE
O processo de vestir a figura de argila com tecido real me permite descobrir como as roupas podem melhorar a pose e a forma da figura. Eu, então, pego fotografias de referência, removo o tecido e recrio uma versão mais concisa dele em argila. **JM**

MODELO DE MARIANNE
Nesta versão, Marianne representa o povo comum da república. Ela está vestida com simplicidade, envolta em um único pedaço de tecido e usa um lenço de camponês na cabeça. A pose é forte e dinâmica, enfatizada pelo entrecruzamento das dobras do tecido. Ela é pega no momento pouco antes de atacar com sua varinha. As estátuas de Marianne acabariam enfeitando a passagem elevada da cúpula celestial do ministério da França. **JM**

AS PRATELEIRAS DA SALA DE REGISTROS
Essa pintura conceitual exagera na escala, transformando a Sala de Registros em uma cidade de documentos. **DP**

A SALA DE REGISTROS
Nesta arte conceitual, vemos uma bruxa observando as estantes da Sala de Registros se rearranjando. **DP**

AS ESTANTES DE LIVROS DA SALA DE REGISTROS
Esta versão inicial de uma prateleira da sala de registros são tentativas inspiradas no estilo *art nouveau* para criar formas de design que poderiam ser repetidas na fabricação. A coleção de unidades de prateleiras deveria se parecer com uma floresta. Este projeto leva uma árvore central entrelaçada sobre um quadro de treliça. O design final tinha que considerar como as unidades poderiam se mover e interagir umas com as outras, junto com sequências de ação narradas no roteiro. **SL**

PORTA DA SALA DE REGISTROS
O desenho escultural da porta de entrada da Sala de Registros se desenvolveu a partir da ideia de uma única árvore central. Eu procurei molduras de espelhos ovais *art nouveau* como inspiração para a forma. O brasão ministerial pode ser visto no topo. **SL**

O MEZANINO DA SALA DE REGISTROS
A ideia aqui é que, quando um bruxo invocasse uma caixa de registros, as prateleiras se arrastassem e girassem para chegar à posição correta. **DP**

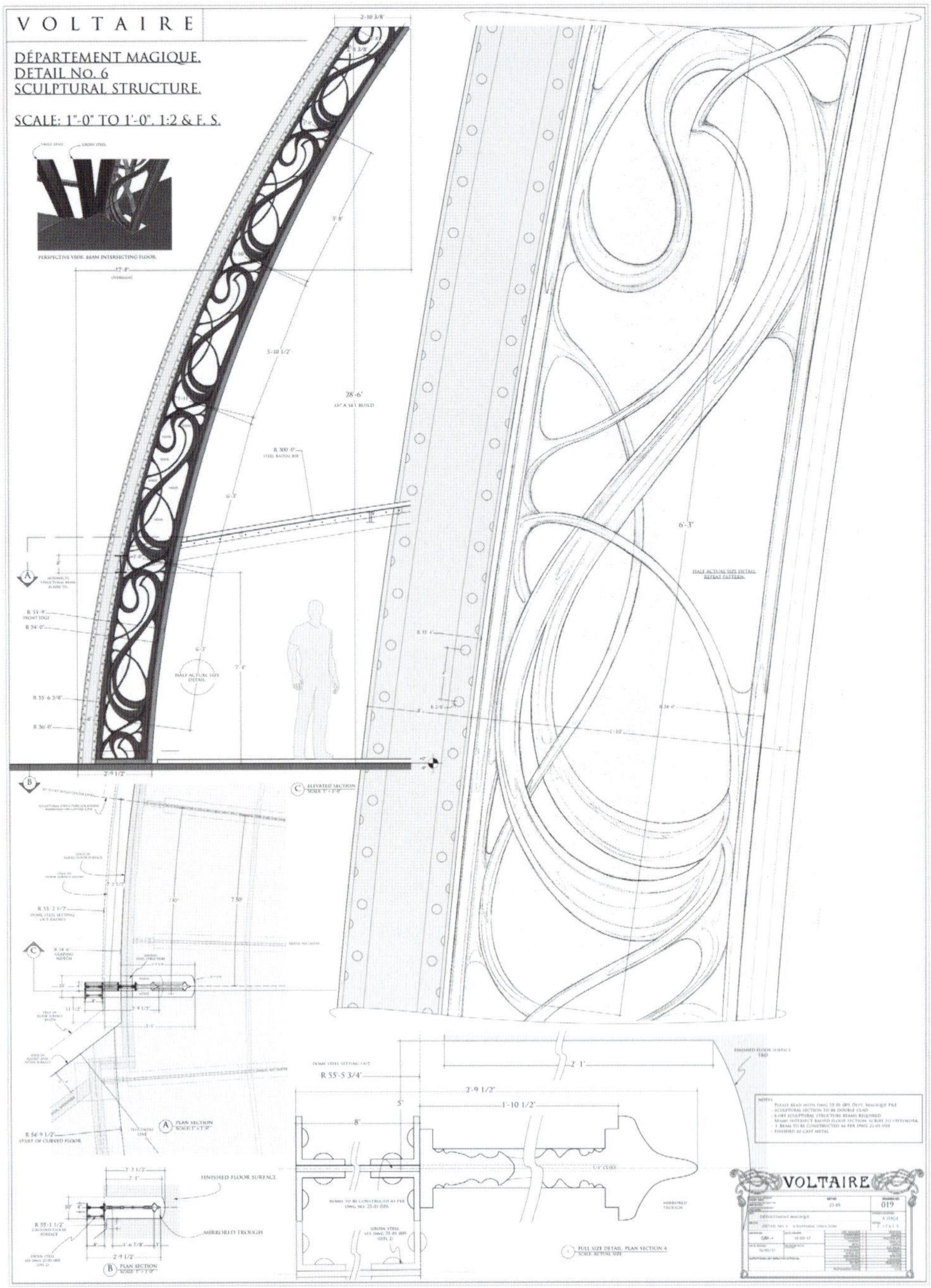

ESTRUTURA ESCULTURAL DO MINISTÉRIO FRANCÊS
Essas vigas de ferro fundido perfuram o piso curvo à medida que o modelo rola em direção ao topo da cúpula de vidro no teto. Cada seção foi esculpida individualmente antes de ser moldada e fixada a um núcleo estrutural. O efeito de pintura de acabamento dá a aparência de um objeto de ferro fundido, embora sejam relativamente leves. **SL**

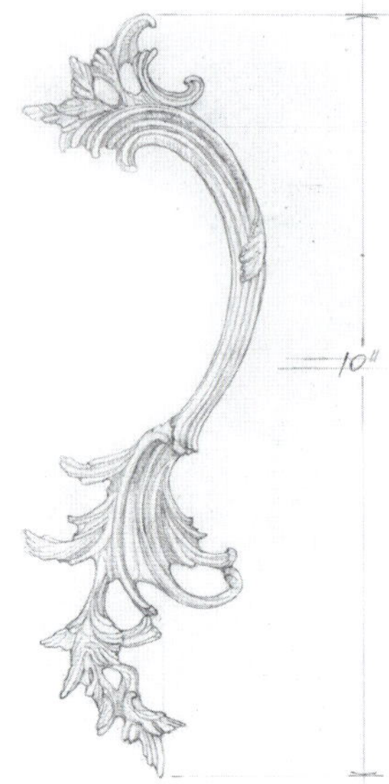

ESBOÇO DA BASE DA CAIXA DE REGISTROS / KG

A SALA DE REGISTROS
Aqui, nesse conceito, imaginei que carteiros veteranos se cruzariam como embarcações durante a noite em uma esquecida ala do ministério francês. Um coleta, o outro entrega. **DP**

CAIXA DE REGISTROS
Nesse conceito, imaginei que o frágil carrinho transportaria caixas de registros de vários tamanhos e formas, mas, no fim, foi decidido que a caixa seria padronizada. **DP**

CAIXAS DE REGISTROS
Este é o desenho final das caixas de registros para a Sala de Registros no ministério francês. **KG**

A CAIXA DE REGISTROS DA FAMÍLIA LESTRANGE
Queríamos que o exterior da caixa dos Lestrange parecesse muito precioso e antigo. O design evoluiu de uma caixa de madeira ou ferro, com fechaduras e fechos antigos, para uma mais ornamentada feita a partir de finos painéis de madeira, delicadas placas de latão perfuradas e revestida com seda verde. A ideia é que os ganchos de metal trançado que mantêm o objeto fechado se desenrolem como cobras quando Leta coloca a mão na caixa. **HS**

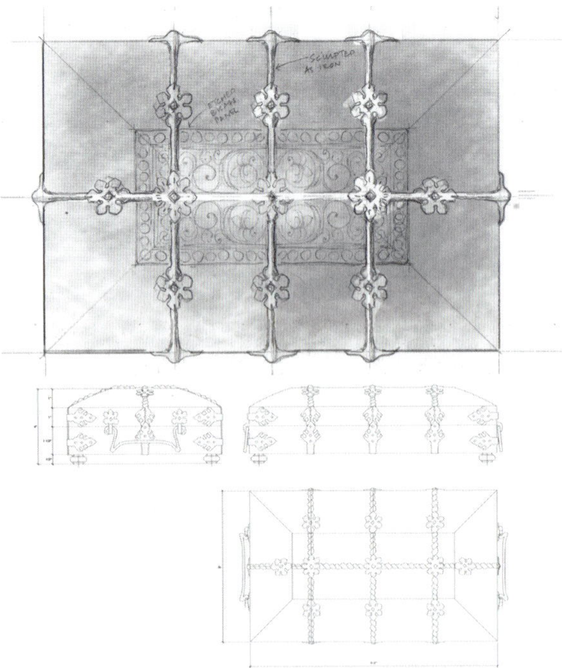

CAIXA DE REGISTROS DA FAMÍLIA LESTRANGE
Este é o visual final baseado no desenho de Hattie Storey. A folha de ouro desgastada parecia apropriada para a grandeza desbotada desta nobre dinastia. **DP**

MODELO DA ÁRVORE GENEALÓGICA DOS LESTRANGE / AD

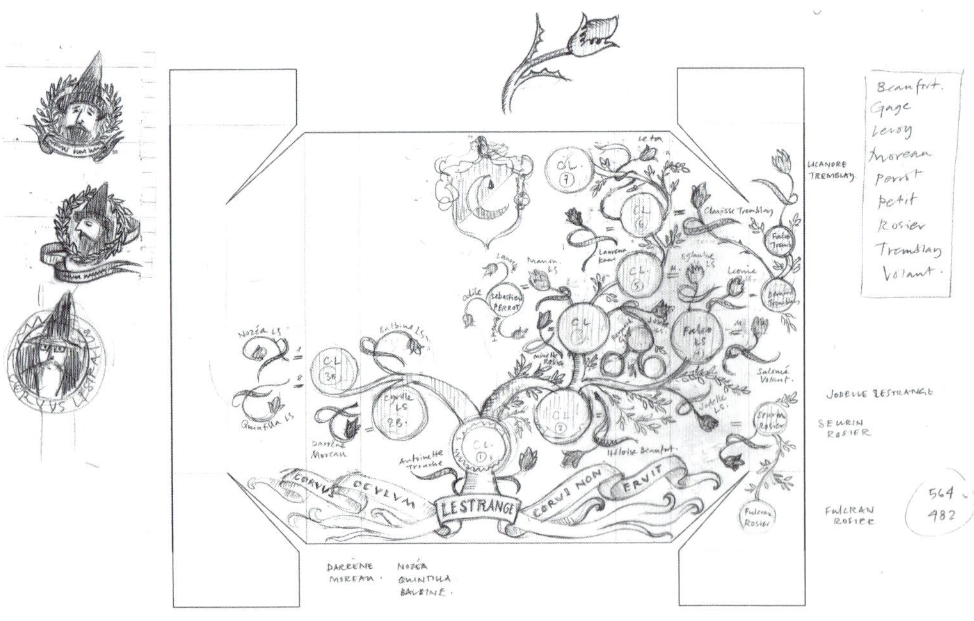

ESBOÇO DA ÁRVORE GENEALÓGICA DOS LESTRANGE / ML

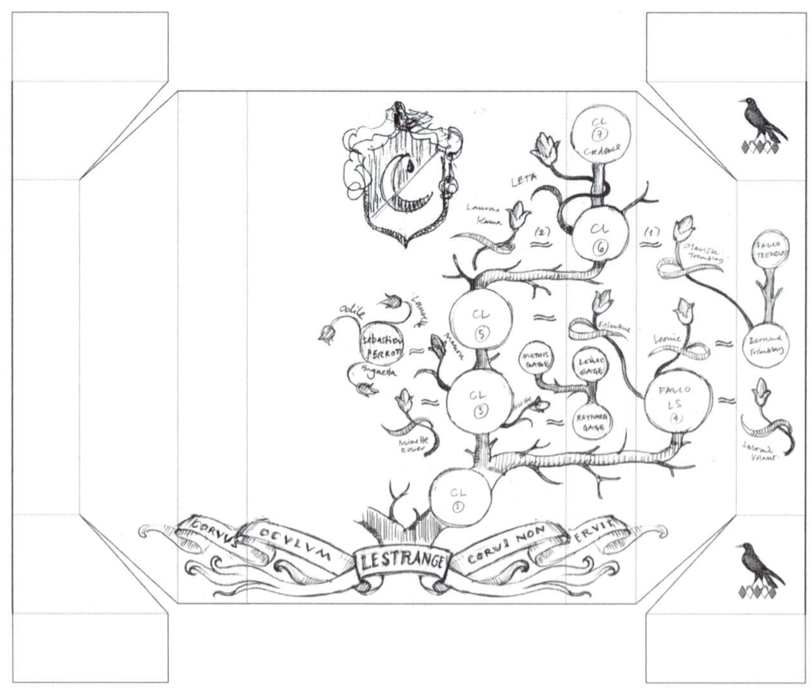

ESBOÇO DA ÁRVORE GENEALÓGICA DOS LESTRANGE / ML

A ÁRVORE GENEALÓGICA DA FAMÍLIA LESTRANGE / ML

O MATAGOT
Neste conceito, desenho o matagot, um dos espíritos felinos que protege o ministério francês, em sua forma menos agressiva. **DB**

O MATAGOT SE ERGUE
Esta foi uma versão mais recente do matagot, feita por mim. Estávamos tentando fazer com que parecesse adequado que a criatura se apoiasse nas patas traseiras. **DB**

DESIGN INICIAL DE CLOSE NO MATAGOT / DB

DESENHO INICIAL DO MATAGOT
Realmente gostei da ideia de que essas criaturas humanoides eram ferozes o suficiente para que pudessem atacar com um pedaço de vidro. **DB**

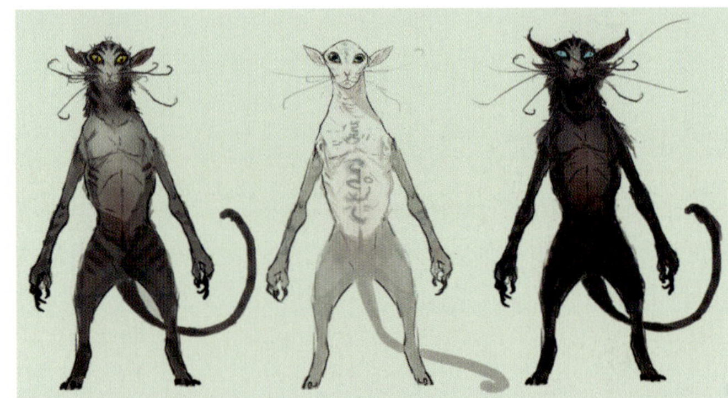

VARIAÇÕES DE COR DO MATAGOT / DB

DESIGN INICIAL DO MATAGOT
Este conceito inicial mostra uma ideia que estávamos explorando de uma versão muito mais vigorosa do matagot.**DB**

DESENHO INICIAL DO MATAGOT DE PÉ / DB

DESENHO INICIAL DO MATAGOT
Esta foi uma imagem para mostrar como os matagots se pareceriam em ação, em sua forma mais etérea. **DB**

MOVIMENTO DO MATAGOT
Esta foi uma ilustração para mostrar como o matagot pode passar de uma posição ereta para a de um gato normal. **DB**

MOVIMENTO DO MATAGOT / EQUIPE DE EFEITOS VISUAIS

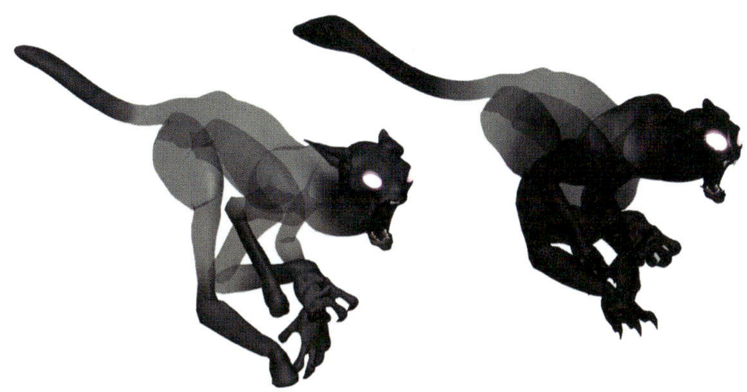

O MATAGOT

Trabalhar nos matagots foi muito divertido. Essas criaturas são um tipo de gatos espirituais pretos, em parte espectrais, com extremidades externas sólidas. O design precisava parecer assustador e um pouco agressivo. Começamos com um modelo em 3D e tentamos tornar cada ângulo visualmente interessante. Olhos grandes e pernas longas e magras adicionaram mais um ar de arrepiar ao design. Desenvolver a natureza espectral da criatura foi um desafio. Uma vez que o modelo 3D foi aprovado, fomos a diferentes opções para explorar a qualidade mais etérea das criaturas. Translucidez e olhos brilhantes deram ao design uma aparência muito sobrenatural. Com a ilustração final, queríamos capturar uma pose dinâmica para mostrar a força e a energia nos braços, no pescoço e nos ombros. Usar a referência dos guepardos correndo foi uma grande ajuda para capturar a elegância e o poder das pernas. **KB**

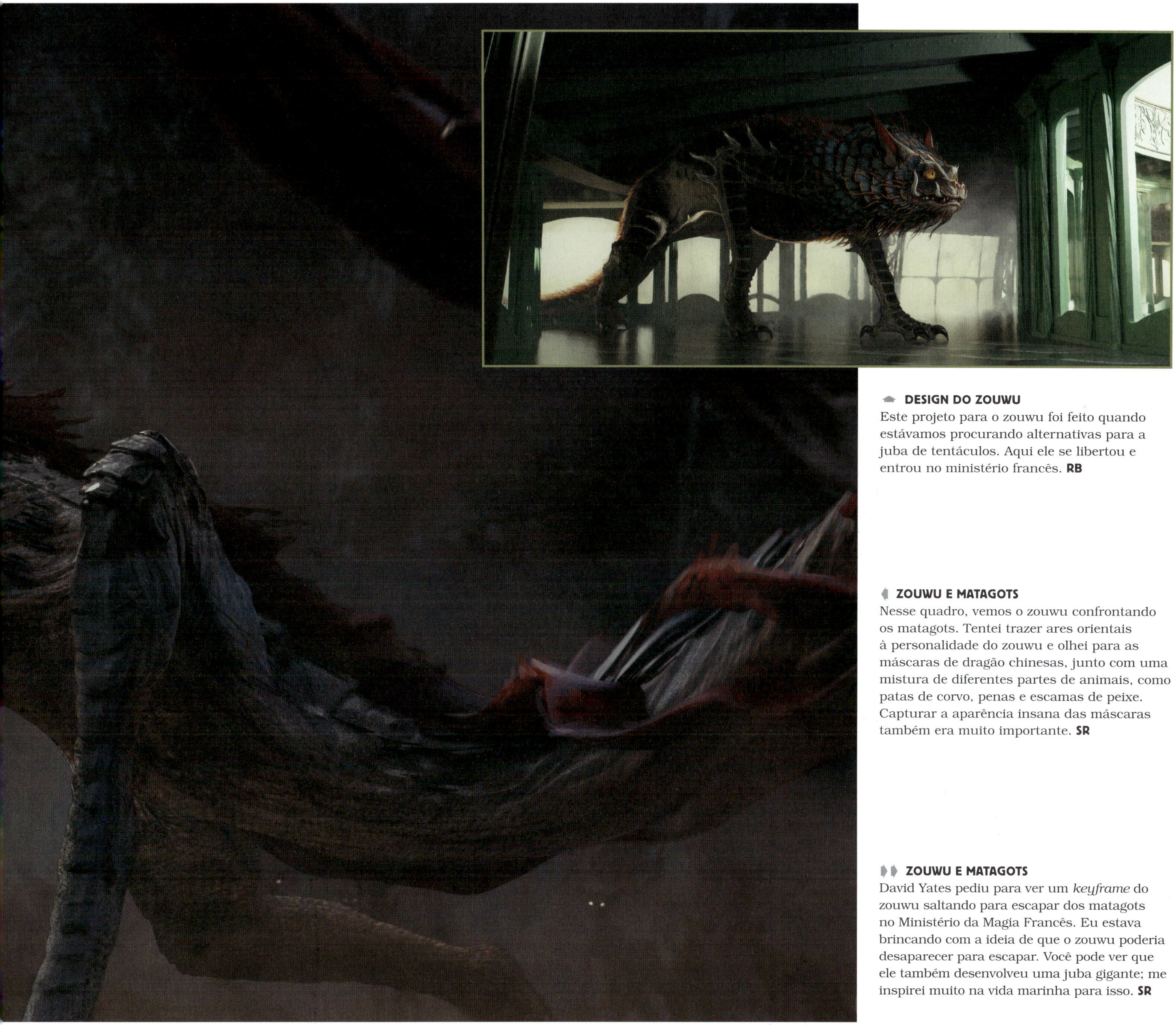

DESIGN DO ZOUWU
Este projeto para o zouwu foi feito quando estávamos procurando alternativas para a juba de tentáculos. Aqui ele se libertou e entrou no ministério francês. **RB**

ZOUWU E MATAGOTS
Nesse quadro, vemos o zouwu confrontando os matagots. Tentei trazer ares orientais à personalidade do zouwu e olhei para as máscaras de dragão chinesas, junto com uma mistura de diferentes partes de animais, como patas de corvo, penas e escamas de peixe. Capturar a aparência insana das máscaras também era muito importante. **SR**

ZOUWU E MATAGOTS
David Yates pediu para ver um *keyframe* do zouwu saltando para escapar dos matagots no Ministério da Magia Francês. Eu estava brincando com a ideia de que o zouwu poderia desaparecer para escapar. Você pode ver que ele também desenvolveu uma juba gigante; me inspirei muito na vida marinha para isso. **SR**

9
A ASCENSÃO DE GRINDELWALD

VISTA DO MAUSOLÉU DOS LESTRANGE
Ao pesquisar o cemitério Père Lachaise, passei por um grande mausoléu chamado "Elizabeth Demidoff Tomb", também conhecido como "Stroganoff Tomb", que fica no alto do cemitério. Nessa visão, imaginei Newt de pé nos degraus desse túmulo, com vista para o mausoléu dos Lestrange abaixo e Paris ao fundo. **EK**

O CEMITÉRIO PÈRE LACHAISE
Tentei evitar usar azul para indicar a noite — a lua faz a maior parte do trabalho. Esta imagem reuniu modelos em 3D feitos por Jasmine Lean com base em desenhos fornecidos por Les Tomkins, uma digitalização da incrível escultura, lápides e mausoléus de Julian Murray criada por Tim Dutton. Uma típica produção em conjunto do departamento de arte! **DP**

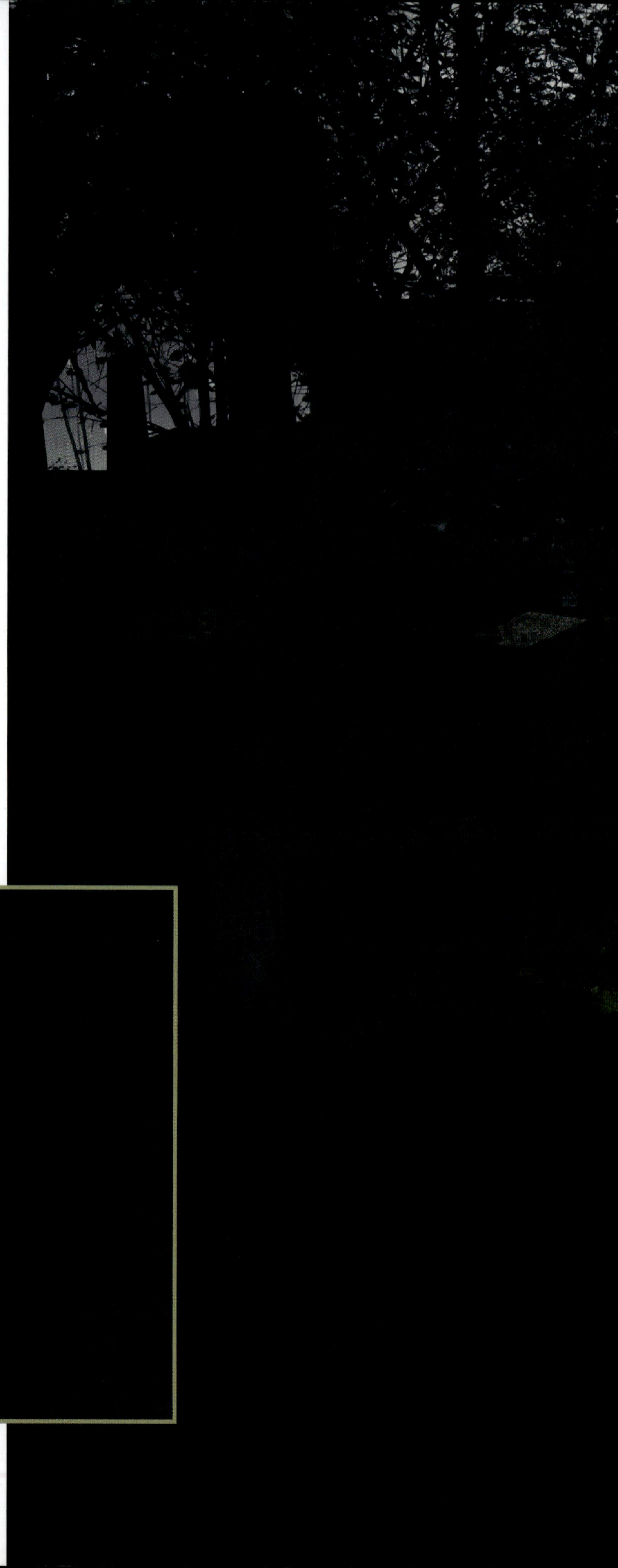

O CEMITÉRIO PÈRE LACHAISE
Em nossa versão do cemitério Père Lachaise, teríamos uma ponte ligando o círculo interno com o externo. Enquanto trabalhava no projeto, usei como inspiração o Círculo de Líbano do cemitério de Highgate. **EK**

O CEMITÉRIO PÈRE LACHAISE
Este foi um dos meus ambientes favoritos para trabalhar. A entrada do mausoléu de Lestrange foi construída com base no Círculo de Líbano, uma construção inspirada nas artes egípcias que fica no cemitério de Highgate, em Londres. Usamos uma extensão digital que evoca a grandeza do Père Lachaise. Para criar o ambiente, construí um modelo 3D do Círculo do Líbano e acrescentei as formas da tumba de Père Lachaise com vários degraus íngremes entre os túmulos. Os modelos foram baseados em pesquisas de localização, mapas e fotografias antigas, além de imagens do Google Earth, e formaram a base para essa série de pinturas e esboços. **EK**

ENTRADA PARA O MAUSOLÉU LESTRANGE / EK

MODELO DA ENTRADA PARA O MAUSOLÉU LESTRANGE / AD

PLANO DA ENTRADA PARA O MAUSOLÉU LESTRANGE
Este plano era para um *plug* que construímos na frente de uma entrada existente. (Um "*plug*" é um pedaço de set construído no local para encaixar perfeitamente ao ambiente; neste caso, uma entrada utilizável em frente a um túmulo antigo.) Os detalhes existentes foram combinados, com a adição de portões de metal pesado e um símbolo de corvo no frontão. **LT**

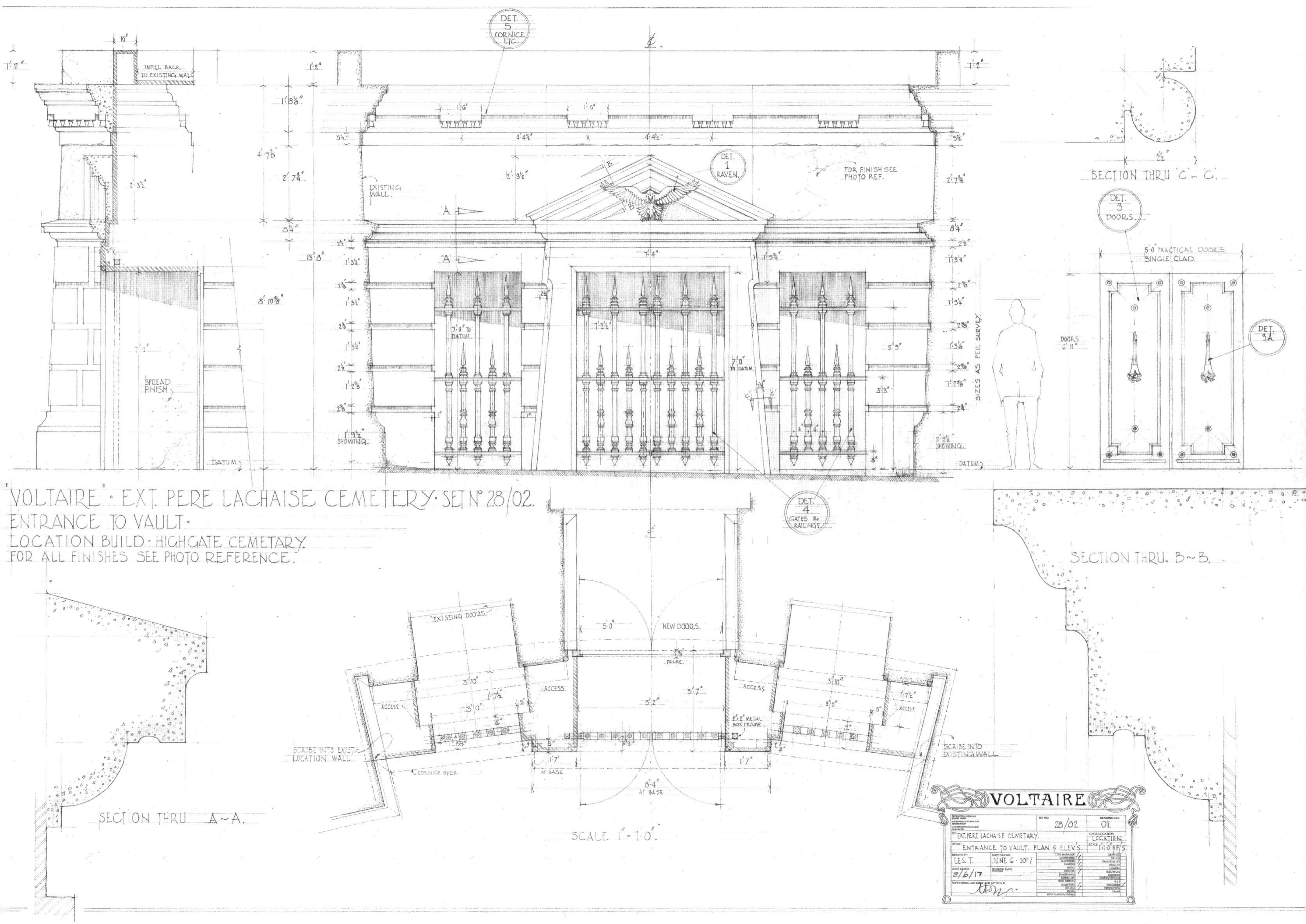

"VOLTAIRE" · EXT. PERE LACHAISE CEMETERY · SET Nº 28/02.
ENTRANCE TO VAULT ·
LOCATION BUILD · HIGHGATE CEMETARY
FOR ALL FINISHES SEE PHOTO REFERENCE.
DET. 5 CORNICE ETC.
DET. 1 RAVEN.
DET. 3 DOORS.
DET. 3A
DET. 4 GATES & RAILINGS.
FOR FINISH SEE PHOTO REF.
EXISTING WALL.
INFILL BACK TO EXISTING WALL
SPREAD FINISH
DATUM
SHOWING.
SIZES AS PER SURVEY
5'0" PRACTICAL DOORS. SINGLE CLAD.
SECTION THRU 'C' ~ 'C'.
SECTION THRU. B ~ B.
SECTION THRU A ~ A.
EXISTING DOORS.
NEW DOORS.
ACCESS.
SCRIBE INTO EXIST. LOCATION WALL.
SCRIBE INTO EXISTING WALL.
CORNICE OVER
AT BASE
SCALE 1" = 1'0".
VOLTAIRE
28/02
01.
EXT. PERE LACHAISE CEMETARY.
LOCATION
ENTRANCE TO VAULT. PLAN & ELEV'S
LES. T.
JUNE 6 · 2017

O MAUSOLÉU DOS LESTRANGE
Esses conceitos deveriam mostrar como a luz cairia sobre a figura romana que fica no sarcófago de pedra do mausoléu. **KF**

BRUXOS E BRUXAS SE REÚNEM PARA O COMÍCIO / EK

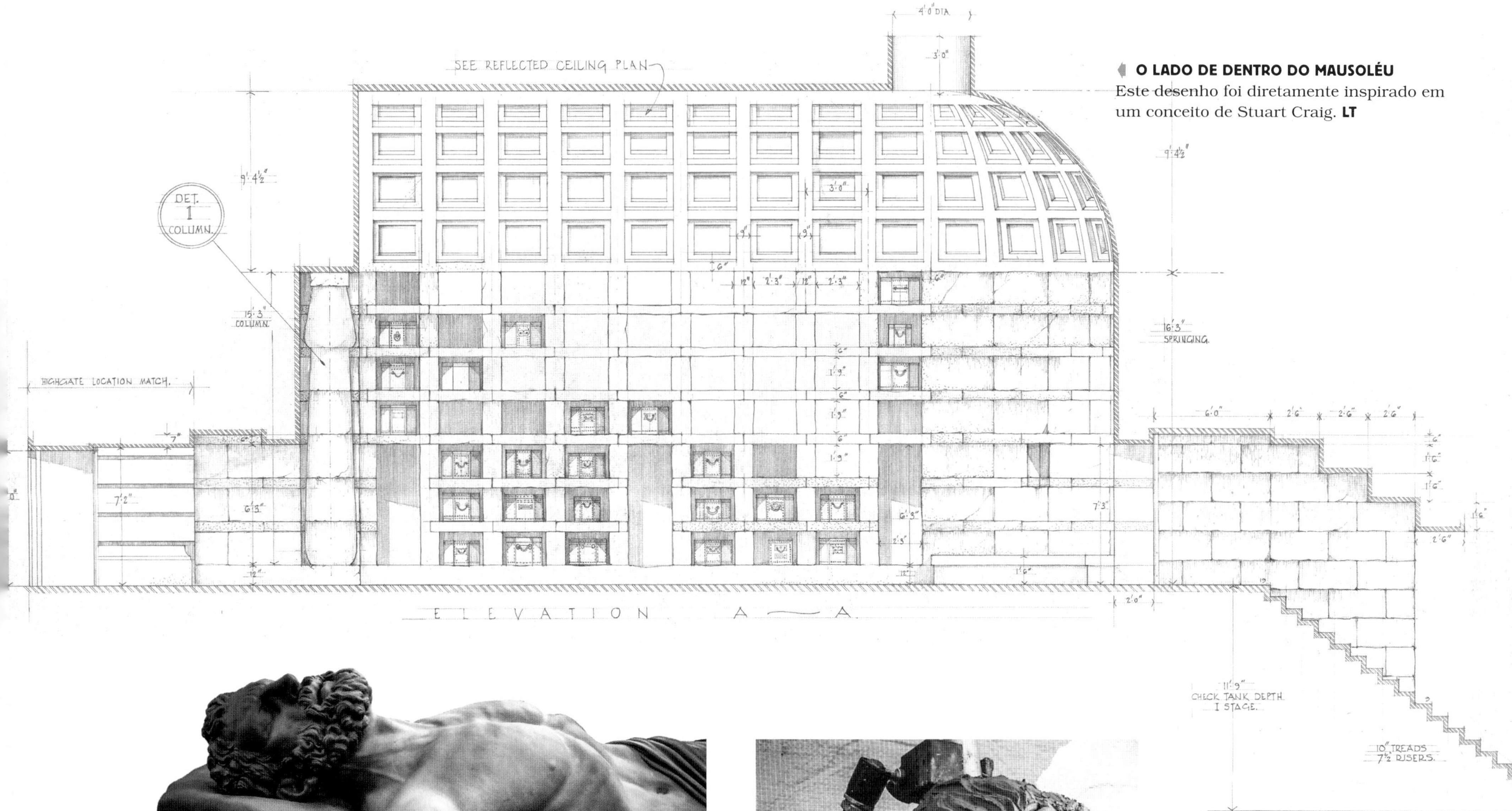

O LADO DE DENTRO DO MAUSOLÉU
Este desenho foi diretamente inspirado em um conceito de Stuart Craig. **LT**

FIGURA DO ESTILO ROMANO NO MAUSOLÉU DOS LESTRANGE / JM

FIGURA FÚNEBRE ROMANA NO MAUSOLÉU DOS LESTRANGE / JM

O MAUSOLÉU DOS LESTRANGE
Nesta série de artes, começando com a extensão anterior, vemos Jacob enquanto ele corre através do cemitério Père Lachaise e entra no mausoléu. O espaço é alto, cheio de sarcófagos antigos, mal iluminado por uma janela no teto e algumas tochas nas paredes. **KF**

O BRASÃO DA FAMÍLIA LESTRANGE
Um detalhe do monumento Lestrange com um corvo, seu símbolo heráldico, o adornando. **JM**

MODELO DE LÁPIDE DOS LESTRANGE
Continuando o tema relacionado a pássaros, este é um detalhe do capacete de corvo na lápide dos Lestrange. **JM**

MODELO DE CORVO
Aqui temos um dos corvos da lápide dos Lestrange. Eu queria que eles fossem ameaçadores para que também contribuíssem ao visual geral da escultura. **JM**

MODELO DE LÁPIDE DOS LESTRANGE
Isso mostra a filha enlutada de um Lestrange um tanto brutal. Ela olha para cima em direção à figura da morte emergindo da cortina ondulante. **JM**

UMA LÁPIDE DOS LESTRANGE EM VERSÃO DIGITAL
O conceito da lápide começou como uma parte física em grande escala do set do mausoléu, mas, à medida que a produção se desenvolveu, acabou indo para um local onde não era possível instalá-lo. **JM**

MODELO DE LÁPIDE DOS LESTRANGE
A tapeçaria e os corvos guiam seus olhos para a figura alada da Morte no momento em que ela se revela para coletar a alma de um Lestrange. O ponto de partida para esta lápide foi uma gravura antiga que Stuart encontrou. **JM**

MODELO DE LÁPIDE DOS LESTRANGE
Aqui você pode ver o homenageado da lápide Lestrange em uma escultura feita de argila que está quase completa. A lápide foi intimista neste momento para aparecer no centro do anfiteatro. **JM**

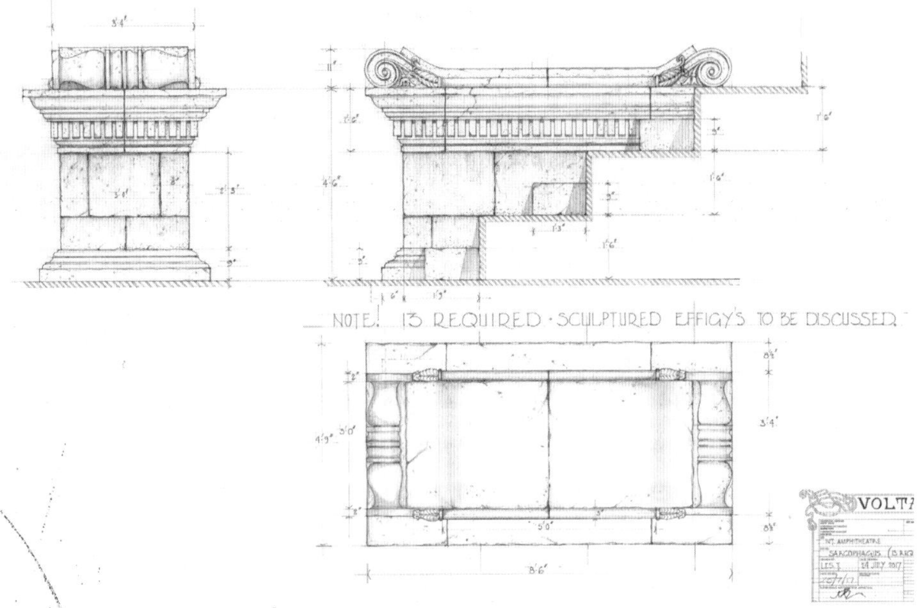

SARCÓFAGO NO ANFITEATRO
Desenhamos muitos deles, esta é uma versão simplificada de um estilo romano que se tornou a base para efígies esculpidas adicionadas mais tarde. **LT**

DETALHE EM TAMANHO REAL DE UM ROCOCÓ / LT

DETALHE DO TELHADO DO ANFITEATRO
Este esboço, de um corvo segurando parte da torre, precisava parecer ameaçador. **DP**

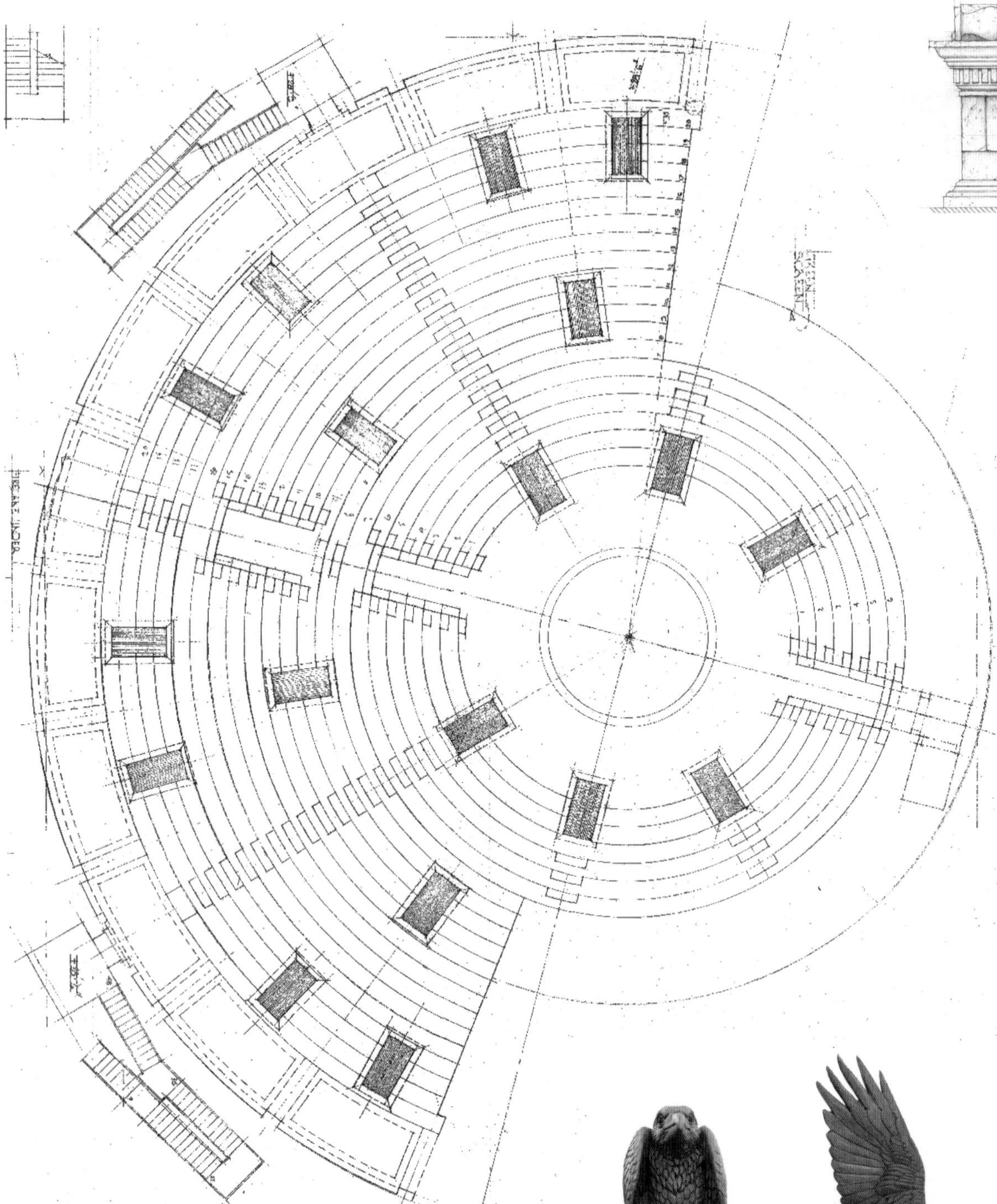

PLANO DO ANFITEATRO SUBTERRÂNEO
Para criar este anfiteatro, pesquisamos vários exemplos ao redor do mundo. Uma vez que o visual foi estabelecido, mudamos um pouco essa característica mais generalizada. **LT**

MODELO DE CORVO / KH

PAINEL EM BAIXO-RELEVO DO ANFITEATRO
Este foi um esboço para um dos painéis que adornam os níveis superiores do anfiteatro, o que seria um ponto de partida para a escultura feita por Kate. **DP**

ESCULTURA DO PAINEL DO ANFITEATRO / KH

“O anfiteatro subterrâneo tornou-se um set de proporções épicas, e, às vezes, é exatamente o que é necessário para criar o palco perfeito para um vilão do calibre de Grindelwald.”

• O ANFITEATRO / PP •

CONCEITOS INICIAIS DO FEITIÇO DERRADEIRO DE GRINDELWALD
Estas são as primeiras ideias de como as criaturas produzidas pelo feitiço de Grindelwald podem parecer; aqui, elas são uma mistura de cobra e dragão, que explodiriam no inferno criado por Grindelwald. Eu também estava explorando um visual mais escuro e esfumaçado de sua substância. **RZ**

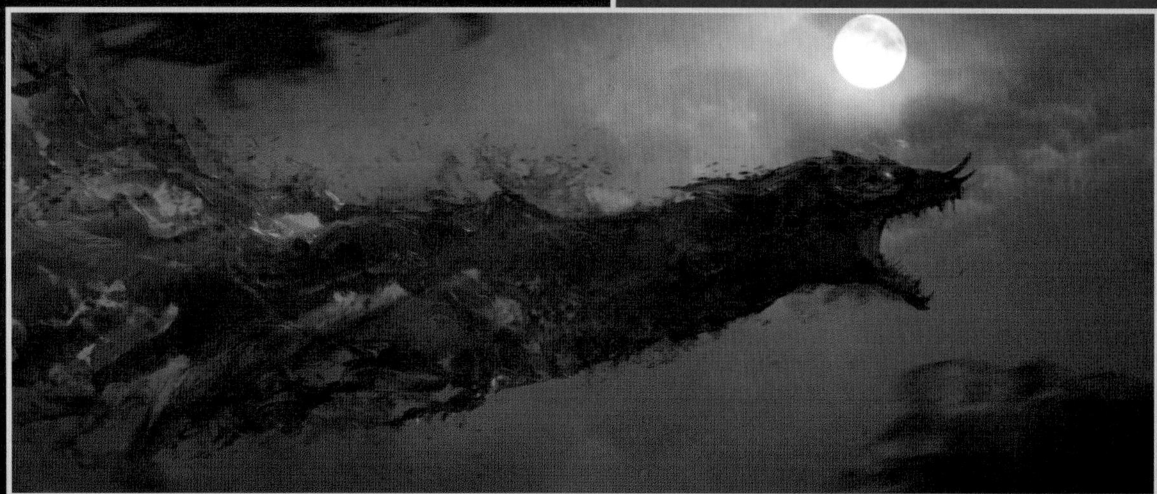

FOGO EM FORMA DE DRAGÃO / DF

A MAGIA DE GRINDELWALD
Essa é uma ideia para a tempestade de fogo mágica que Grindelwald produz. A cor foi usada para fazer com que pareça fogo preto cheio de intensidade. **RZ**

CONCEITOS INICIAIS DO FEITIÇO DERRADEIRO DE GRINDELWALD / FS

O FEITIÇO DERRADEIRO DE GRINDELWALD
Estes conceitos para o feitiço final de Grindelwald foram inspirados nas ilustrações de Gustave Doré em suas obras *Inferno* e *Paraíso perdido.* **BK**

CONCEITO DO FEITIÇO DERRADEIRO DE GRINDELWALD / BK

O ANFITEATRO
Este foi um conceito para mostrar como o anfiteatro pode estar embaixo de um monte de terra. É noite, sem a luz azul convencional. **DP**

CONCEITO DO ANFITEATRO
As consequências destrutivas do comício de Grindelwald; tanto a luz da lua quanto a chuva entram em cena para adicionar um ambiente mais pesado. **DP**

▪ AGRADECIMENTOS ▪

Primeiramente, gostaria de agradecer a George Bootman do departamento de efeitos visuais por me conectar com toda a arte e com os artistas do mundo inteiro apresentados no livro. Agradeço também a Vicky Ralph, que entende de tudo e de todos e nunca deixa de atender ao telefone, mesmo quando seu trabalho sobre *Animais fantásticos: os crimes de Grindelwald* já foi oficialmente concluído. Crédito e agradecimento ao editor Chris Smith e ao designer de livros Terence Caven, da Harper Collins, que pegaram meu rascunho e o transformaram no livro tão belo que você tem em mãos.

Agradecimentos especiais vão para o produtor executivo de *Animais fantásticos*, Tim Lewis, que deu aos artistas o tempo necessário para produzir a arte da mais alta qualidade que o filme exigia, e, claro, J.K. Rowling, por continuar a desenvolver o mundo mágico e fornecer a fonte para todos nós nos inspirarmos, e David Yates por dar vida a isso nas telas do cinema.

Por fim, e sempre, um grande obrigado a Stuart Craig, por encorajar os criativos de sua equipe a serem os melhores artistas que poderiam ser.

▪ LISTA DOS ARTISTAS ▪

AB: Adam Brockbank
ABr: Arnaud Brisebois
ABu: Al Bullock
AD: Departamento de arte
BK: Ben Kovar
CB: Conor Breen
CC: Christian Cordella
CH: Christian Huband
CHu: Carlos Huante
CM: Charlotte Malynn
DB: Dan Baker
DR: Dylan Baker
DF: Dave Freeman
DH: David Hodge
DP: Dermot Power
DW: Darrell Warner
DY: Dorrie Young
EK: Eva Kuntz
FS: Framestore
GA: Giles Asbury
HS: Hattie Storey
HES: Hayley Easton-Street
JC: Jadrien Cousens
JG: Julien Gauthier
JH: Jason Horley
JJ: Jama Jurabaev
JK: John King
JM: Julian Murray
JOH: Jamie O'Hara
JR: Jelle Rebry
KB: Ken Barthelmey
KF: Kim Frederiksen
KG: Kate Grimble
KH: Kate Hill
LF: Lydia Fry
LT: Les Tomkins
MD: Mark Dubeau
MK: Max Kostenko
ML: MinaLima
MLa: Michael Lamont
MS: Molly Sole
MV: Martin Verhoeven
PB Pierre Bohanna
PC: Paul Catling
PG: Philippe Gaulier
PP: Peter Popken
RB: Rob Bliss
RZ: Rostyslav Zagornov
SC: Stuart Craig
SD: Stefano Dubav
SL: Sam Leake
SM: Scott McInnes
SR: Sam Rowan
TD: Tim Dutton
TS: Tyler Scarlet
YJ: Yvon Jardel

DETAIL 3 ROOF
DRWG Nº 05-04-47
DETAIL 4 DORMER and GABLE WINDOWS
DRWG Nº 05-04-48
NOTE: TO BE SLIGHTLY MISS ALIGNED HERE & THERE
CLAP BOARD
DETAIL 1 DOOR
DRWG Nº 05-04-45
DETAIL 2 WINDOWS
DRWG Nº 05-04-46
"FRONT"
RIGHT SIDE